WAGENBACHS TASCHENBÜCHEREI

Peter Brückner

Das Abseits als sicherer Ort

Kindheit und Jugend zwischen 1933 und 1945

Verlag Klaus Wagenbach Berlin

Für meine Kinder

Wagenbachs Taschenbücherei 66

14.–18. Tausend, 1982

Umschlagentwurf: Jürgen Holtfreter
Satz und Druck: DRUCKHAUS Neue PRESSE Coburg
Bindung: Hans Klotz, Augsburg
Repros: Reprowerkstatt Rink und Silbermann, Berlin

ISBN 3 8031 2066 7

Inhalt

Ouvertüre

Im Jahre 1923 entschließen sich einige deutsche Länderregierungen, die NSDAP zu verbieten, weil sie die »verfassungsmäßig festgestellte republikanische Staatsform des Reichs« diffamiere (§ 8,1 des Gesetzes zum Schutz der Republik). Auch das Land Sachsen spricht ein solches Verbot aus, aber die »Diffamierung der Staatsform« bleibt. Die Landeshaupt-, Kunst- und Pensionärsstadt Dresden, *Elbflorenz,* wird, während der Wert des US-Dollars von 21 000 Mark im Januar 1923 auf über 48 Millionen Mark im Oktober steigt, von den Savonarolas rechtsradikaler Kampfbünde und faschistischer Vereine beunruhigt.

Diese deutschen Savonarolas haben, was in Europa sonst seltener wird, gleich en masse: einen Instinkt für die Wahrnehmung von kleinsten Zeichen der Differenz in der menschlichen Physiognomie – was »abweicht«, was fremdartig anmutet, ist schon als Unwert erkannt. Wo sie wahrnehmen, denunzieren sie schon. An irgendeinem Tag verläßt ein Ehepaar, den einjährigen Sohn im hochrädrigen Kinderwagen, das Café Rumpelmayer. Eine Rotte von Faschisten drängt die Frau vom Gehsteig: »Judensau!« Der Kinderwagen wird ihr aus der Hand gerissen, der Ehemann vollständig übersehen und behandelt, als gehöre er nicht dazu. (Er sieht aus wie ein sächsischer Ingenieur, was er auch ist; daß er Kindheit und Jugend in den USA verbracht hat, als ältester Sohn des Großmeisters der Loge zu den drei Weltkugeln, und selbst bis 1917 Freimaurer war, geht erst viel später in die Akten des neuen Reiches ein.)

Judensau? Nach den Typensuchregeln der völkischen Denunziation sieht die Weggestoßene »jüdisch« nicht aus. Eher polnisch. Jedenfalls ist sie nicht *von hier.* Ihre Haare sind blauschwarz. Das Gesicht: slawisch geschnitten, mit breiten Backenknochen. Sie ist gebürtige Engländerin. Schon die Großeltern waren ehrenwerte Mitglieder der High Church, voll anglisiert, aber in der Tat: Juden. Das Genie des deutschen Volkstums liegt im Spürsinn für die fremde Rasse. Diese jungen Genies, Garanten der Zukunft, waren 1923 mit germanischen Runen und Symbolen geschmückt, denen gegenüber schon das Latein des Tacitus europäische Moderne war.

Der Einjährige rutscht mit dem Kinderwagen ins Abseits. Obwohl sich seine rassische Minderwertigkeit später verheimlichen läßt (lange Jahre auch vor ihm selbst), bleibt das Kind als Produkt einer atypischen Familie immer vom normierenden Zugriff der staatlichen Ordnungsmächte bedroht. Als der geborene Dissident ist es zugleich vor der eigentlichen Katastrophe dieses Kulturvolks behütet: vor der Faschisierung. Das Abseits ist, was den Nationalsozialismus angeht, in Deutschland der einzig sichere, ja, der einzige glückliche Ort.

1922 – 1932

Ich wurde im Mai 1922 geboren; die ersten 16 Monate lebte ich in Wohnungen, die nicht die meines Vaters waren, und – zeitweise – im Hotel.

1924: Märzschnee in einem Villengarten, das Dienstmädchen, das mich auf die Mauer zur Straße setzt und mir die Tabakspfeife meines Vaters überläßt; Freunde, die ein offenes Auto haben, ein Daimler-Cabriolet – ich war gut zwei Jahre alt. Wir wohnen im 1. Stock. 1930, im zweiten Schuljahr, ist die Adresse schlechter, der Wohnraum beschränkt, aber noch Beletage. Aus dem Speisezimmer blicken wir auf eine weiße Privatklinik mit dünnem Park. Ab und an, wenn meine Eltern abwesend sind, sieht die Frau des Hausmeisters nach mir. Ostern 1932 gehe ich zur Höheren Schule, Realgymnasium Seevorstadt; mein (Halb-)Bruder Armin, zwei Jahre älter, besucht noch das vornehmere Vitzthum'sche Gymnasium. Wir wohnen inzwischen im Erdgeschoß; gegenüber: ein großes Bierlager, eine Dienststelle des städtischen Wohlfahrtsamts und ein Polizeirevier.

Das Herrenzimmer, das es als dritten Raum noch gibt, wird bald an einen Handlungsreisenden vermietet.*

Im Mai 1932 war ich für wenige Tage Nationalsozialist. Jedenfalls kam ich eines mittags nach Hause – mein Vater war viel zu Hause, weil arbeitslos – und berichtete stürmisch, »wir« (d. h.: die Sexta) seien jetzt alle Hitlerjungen. Ich wurde unterbrochen: die ganze Klasse? Das brachte mich kurz zum Erröten, denn ich wollte antworten: Nein, nur die *besten* (Schüler), aber da ich einer der schlechtesten war – im Herbst 1932 der 44. unter 46 Jungen – hätte ich gestehen müssen, daß die neue Bewegung an mir vorbeiging. (Nur zu Hause war ich Nazi.) So redete ich lieber weiter in meiner Begeisterung: Sobald »wir« die Macht ergriffen haben, gibt es *für uns* Geld und Essen genug. Ihr habt dann ausgesorgt. Aber nur *ihr*. Die Lehrer gerade nicht – in der Schule werden sie ganz blaß, wenn wir von Hitler reden.

Die Phantasie des Zehnjährigen, der von Hitler nur auf der Straße und in der Schulpause gehört hat, spiegelt gewisse Momente des Nationalsozialismus getreu: den räuberischen Charakter (Geld für uns, nicht: Klassenmacht), die Gaunergemeinschaft (»wir«), das antiautoritäre, rebellische Element (die Lehrer, d. h. für ein Kind: zentrale Inhaber von institutioneller Gewalt, ängstigen sich), die Attraktivität der »Bewegung« für Heranwachsende, und zwar für die Besten, das hieß für mich damals: die Schüler mit großem Sozialprestige. Und der Marginalisierte, der ich damals ansatzweise war, schluckt die Kränkung, die darin liegt, daß man ihn ausschloß, und identifiziert sich mit der »Macht«.

Meine Eltern, gebildeter Mittelstand am Rande der Verarmung, verhielten sich untypisch. Ich habe das bedrückte Schweigen nicht wieder vergessen, das meiner Eröffnung folgte, nicht den Anblick meines Vaters, der mich an sich zog, ein zärtlicher Mann; und diese Geste fürsorglicher Wärme war eine Antwort. Ich »wußte« von diesem Augenblick an, was Hitler, was der NS-Staat bedeutete.

Freilich: So wie Kinder Unausgesprochenes wissen; nicht als Kenntnis, die jederzeit reproduzierbar ist, und das »nie

* Ab Herbst 1933 blieb der Familie nur noch eines der Zimmer und ein kleiner Holzverschlag.

wieder vergessen . . .« schloß auch die Möglichkeit ein, über lange Zeiten hinweg gar nicht daran zu denken.

1933–1935

Am 30. Januar 1933, noch nicht elf Jahre alt, verfolge ich mit meinen Eltern im Restaurant die triumphalen Radiostürme der »Machtübernahme«. Die Gäste sind vom Rausch der Zeitenwende ergriffen, das Reich der niederen Dämonen bricht auch in ihnen aus. Die Eltern klatschen gezwungen mit, man erhebt sich, setzt sich wieder, ich bin sehr müde – erregt davon, daß ich bis tief in die Nacht aufbleiben darf, aber beklommen von unserer spürbaren Isolierung. Mein Vater sagt in englischer Sprache: Das bedeutet Krieg. Meine Mutter will etwas erwidern, aber sie schweigt. Sie hat das Jahr 1923 nie vergessen.

Meine Erinnerungen an die Jahre 1933 bis 1936 bewahren ein Nacheinander von Ereignissen ohne erfahrenen inneren Zusammenhang auf. Vielleicht erleben manche Kinder so. Vielleicht spiegelt sich in der inneren Lebensgeschichte des Kindes die Wirklichkeit dieser Jahre: der alchimistische Terror des NS-Staats, der den Sinn der Geschichte auflöst und das Widersprüchliche zusammenzwingt.

Die Lage der »Innenwelt«, der Familie, veränderte sich in diesen drei Jahren: sie wird zerstört. Ich hätte damals nicht zu sagen gewußt, daß dies eine Konsequenz des 30. Januar war. Die Familie hatte für ein Kind größere Immanenz als heute. Der Vater, Mathematiker und Ingenieur, schon seit 1929 häufig arbeitslos, fand keine Stelle in seinem Fach.

Im Laufe von zwei, drei Jahren begann ich zu verstehen, daß er nun einer Anstellung entgehen *wollte:* sie hätte Folgen gehabt, die hinzunehmen er sich moralisch nicht in der Lage sah – Mitgliedschaft im VDI, »Verein deutscher Ingenieure«, früh gleichgeschaltet; Mitgliedschaft in der Deutschen Arbeitsfront, die das Erbe der Gewerkschaften verschleuderte; Mitgliedschaft schließlich in einer »Betriebsgemeinschaft«: mit dem Eigentümer als Führer. Außerdem suchte er eine Art von innerer Emigration: Gelderwerb außerhalb der Zumutungen der faschistischen Öffentlichkeit. Er wurde Vertreter für eine noch unpolitische Zeitschrift und reiste dafür in Thüringen und Sachsen; alle drei bis vier Wochen kehrte er für zwei Tage nach Dresden zurück. 1934 fand meine Mutter einen Job, denn das Einkommen des Ehemannes war für die Familie zu gering. Sie schlüpfte in eine drittklassige Tanzkapelle; auch sie war danach viel abwesend. Hatte sie ein Engagement in der sächsischen Hauptstadt, dann meist in einem der Cabarets: Sie, die einst Konzertsängerin war, stand nun mit einer Harmonika auf der Bühne. Ich saß oft bis nach Mitternacht unter dem orientalischen Dekor herum und rauchte.

Mein (Halb-)Bruder Frank verdiente sich Geld für das Studium am Konservatorium in der »Mücke« im Großen Garten, einem Tanzcafé von Ruf. Ab und an, wenn meine Mutter mit ihrer Kapelle auf Reisen war, klingelte mich seine Freundin Ellen, eine Norwegerin, spätabends aus dem Bett und nahm mich mit. Ich war damals zwölf. Das waren große Abende: unter Palmenkübeln, an einem reservierten Tisch, der den Musikern und ihren Bräuten vorbehalten war! So oft ich durfte, besuchte ich Frank nachmittags in seinem möblierten Zimmer, während er Mozart spielte oder Hindemith. Er begleitete damals eine Sopranistin, die die »Marienlieder« sang. Doch Ende des Jahres 1934 reiste er nach Schweden und blieb dort. Er hatte sich nach einem Zusammenstoß mit der Polizei rasch zur Emigration entschlossen.

Da war vieles für mich vorbei; besonders schmerzlich: auch an Vertrauen. Man weiht ein Kind nicht in Pläne zur Auswanderung ein, es stand zu viel auf dem Spiel. Es wird zeitig genug merken ... Ja, eines Tages merkte ich, daß Frank, und damit eine Fülle von Erlebnissen, für immer fehlen würden. Ellen kehrte nach Oslo zurück; auch von einer zweiten Freundin meines Bruders, Mercedes, blieb nur eine Schale voll Bisquits.

Vorbei war auch die Oberrealschule Seevorstadt: Ich konnte aus finanziellen Gründen auf der Höheren Schule nicht bleiben. Ostern 1934 kehrte ich in die Volksschule zurück, der bloße Terror. Je häufiger ich allein war, um so gründlicher entzog ich mich ihm. Mein Vater brachte mich schließlich als – beaufsichtigter – Untermieter bei verschiedenen armen Leuten billig unter, aber das hielt immer nur eine Zeit. Ich weinte, war aber unbezähmbar. Nach Zwischenaufenthalten bei Verwandten meines Vaters floh ich im Sommer 1935 in die meist leere elterliche Wohnung zurück: versorgte mich selbst, kaufte ein, ging kaum zur Schule, fraß das Leben der Stadt mit Augen, Ohren und Nase, lief in Kirchenkonzerte (der Eintritt war damals meistens frei). In den Nächten, wenn ich sie nicht auf dem Bahnhof verbrachte, las ich, was immer mir in die Hände fiel: anarchische Lust des »Abseits«. Es war die uns versprochene Freiheit der großen Stadt, die ein Zwölf- und Dreizehnjähriger sehr wohl als Quelle von Identität und Glück zu nutzen versteht, solange man ihn in Ruhe läßt.

Im Winter 1935 war die Ruhe vorbei, Polizei und städtisches Wohlfahrtsamt kamen dazwischen. Ich galt als »verwahrlosungsgefährdet«, Fürsorgeerziehung wurde angedroht. Die Ordnungsmacht kam nicht aus eigenem Entschluß, jemand hatte sie gerufen, ein »Jemand« im Plural. Meine Mutter gehörte dazu, zögernd, aber eben doch, sie fühlte sich auf der Suche nach einer neuen Lebensweise und -organisation von mir bedroht. Sie steckte damals mit einem tschechisch-jüdischen Kapellmeister unter einer Decke, der auch eine Überlebens- und Emigrationschance suchte; das Auswandern kostete Geld. Er stiftete meine Mutter an, eine seltene Sammlung alter südamerikanischer Briefmarken zu verkaufen, ein Erbstück aus den USA, von der ich meinte, sie gehöre mir. Eifersüchtig und tief verletzt brach ich in den Schreibtisch unseres Untermieters ein, in dem, wie ich wußte, eine Schußwaffe lag. Ich verbarg sie unter meinem Kopfkissen; dazu bereit, auf jemanden zu schießen – auf »sie« oder auf »ihn«. Die Sache kam natürlich heraus, der Untermieter lief zur Polizei, Nachbarn meldeten ihre Beobachtungen, und so gab es ein großes Spektakel.

Mein Vater kam und gab bei der Jugendfürsorge zu Protokoll, daß er ein Internat für mich gefunden habe. Ich wußte nicht, daß zu der Suche danach auch der Entschluß meiner Mutter beigetragen hatte, sobald als möglich zu emigrieren.

Im Frühjahr 1936 verließ ich Dresden, aufgenommen in eine Oberschule mit Schülerheim in Zwickau, einer kleinen Bergwerks- und Industriestadt in Westsachsen. Wenige Monate später kehrte meine Mutter für immer nach England zurück. Auf ihrer Frisierkommode stand noch jahrelang ein kleiner Bilderrahmen ohne Bild – er hatte früher eine in Kunstschrift gehaltene Karte mit ihrem Goetheschen Lieblingsspruch enthalten:

»Feiger Gedanken / Bängliches Schwanken
Weibisches Zagen / Ängstliches Klagen
Wendet kein Elend / Macht dich nicht frei.

Allen Gewalten / Zum Trutz sich erhalten
Nimmer sich beugen / Kräftig sich zeigen
Rufet die Arme / Der Götter herbei«

Die Bedingungen, unter denen ich meine Mutter fast zwölf Jahre später wiedersah, sind für den Geist der Zeit, d. h. für den transzendentalen Rahmen unser aller Existenz bezeichnend: es waren Bedingungen der Illegalität. Ich lag 1946, inzwischen Mitglied der KPD, in einem Leipziger Krankenhaus, also in der sowjetisch besetzten Zone, SBZ. Meine Mutter kam im gleichen Jahre, als *senior officer* einer halbmilitärischen Organisation, mit der britischen Besatzungsmacht nach Deutschland zurück. Freunde in der Zentralverwaltung für das Gesundheitswesen in der SBZ schleusten sie mit gefälschten Dokumenten und ohne Wissen auch der britischen Dienststellen über die Zonengrenze ein, via Berlin.

1965 – sie hatte inzwischen einige Jahre in Schweden, danach erneut in London gelebt – besuchte sie mich, 77 Jahre alt, in Heidelberg. Fassungslos stand sie vor meinen Büchern: »Wie willst du das alles mitnehmen, wenn du mal weg mußt?« Ihr Besitz bestand noch immer aus zwei großen Koffern.

Nicht nur das Familien- und Schulverhältnis änderte sich in den ersten Jahren des NS-Staats, auch die »organisierten Außenbeziehungen«, mein Verhältnis zu den kollektiven

Einrichtungen für kindliche Tätigkeit durchliefen einen Wandel.

1931, neun Jahre alt, war ich den Pfadfindern beigetreten, aber in den Probemonaten gewogen und als zu leicht befunden worden. Die Eltern erhielten einen Brief: Ich sei nicht ausdauernd, nicht leistungsbereit – eine Frage der Moral, nicht der körperlichen Konstitution; außerdem leider nicht *offen und ehrlich*. Kein richtiger deutscher Junge demnach (aber das stand nicht wörtlich in dem Brief). Gewiß: »Üb' immer Treu' und Redlichkeit«, das war nicht das Lied, das ich sang. Man muß kein Philosoph, man darf auch ein Kind sein, um zu bemerken, daß »Offenheit« in der pädagogischen Landschaft bedeutet, sich für den Zugriff der Macht zu öffnen. Wer sich verschließt, wer verstummt, gar lügt, sabotiert die allseitige Kontrolle des seelischen Materials, die nicht nur in der Ära des Nationalsozialismus das Geheimnis der mittelständischen Erziehung war.

Ein Jahr später sah ich bei einsamen Streifzügen in der Dresdner Heide mit Neid auf die »Falken« mit ihrem blauen Halstuch, eine Jugendorganisation der SPD, und mit einer Mischung aus Faszination und Angst auf singende und marschierende Gruppen der HJ, die sehr wenig Pfadfinderisches hatten. Doch im schönen Sommer 1933 lief ich begeistert zum Elbufer und schloß mich dem Jungvolk an, stolz auf Trommel, Fahne und Führertum. Im Herbst saß ich schon wieder zu Hause – gewogen und zu leicht befunden? Aus eigenem Entschluß? – und trieb mich allein in der Stadt herum.

Ich hatte einen Freund: Mit seinem Luftgewehr stiegen wir auf den Oberboden der Mietskaserne, in der er wohnte, und schossen aus einer winzigen Dachluke auf Tauben. Das flache Dach der Technischen Hochschule gegenüber beherbergte Brutkästen für wer weiß welches Experiment. Tauben, das waren feindliche Flugzeuge. Manchmal waren wir Rotarmisten und sangen: »Und höher, und höher, und höh-eer/ein jeder Propeller schreit surrend ›Rot Front‹!/Wir sind die Schützer der Sowjetunion.« In einem Holzkästchen bewahrte ich unseren Schatz auf: ein kleines silbernes Abzeichen der Hoheitsträger der NSDAP, den Reichsadler auf dem umkränzten Hakenkreuz (das Nädelchen zum Anstecken war abgebrochen), und einen glasierten Sowjetstern, rot, mit goldenem Hammer und Sichel.*

Dieser Freund war der Sohn des Fleischers an der Ecke und besuchte die Oberrealschule, die ich hatte verlassen müssen. In der Volksschule fand ich für ein paar Monate Kontakt zu einem kleinen jüdischen Jungen der Volksschulklasse. Er nahm mich mit zu seinen Eltern, orthodoxe Juden, die in einem jüdischen Sträßchen in der Altstadt wohnten; der Vater – mit schwarzem Käppchen und rituellen Locken – war Tischler. Im Haus roch es, wie es eben bei armen Leuten riecht. Manches war mir unangenehm, ohne daß ich noch zu sagen wüßte, warum.

Den Nichtorganisierten wurde samstags in der Volksschule Spezialunterricht erteilt, von HJ-Führern oder von Lehrern in SA-Uniform. Ob dies mir nun als das größere Übel erschien, oder ob ich endlich als das anerkannt werden wollte, was ich doch war: ein deutscher Junge – jedenfalls trug ich im Frühjahr 1934 erneut das Braunhemd und hatte »Dienst«.

Die Infamie des Faschismus war in diesen Jahren noch nicht bürokratisiert, Individuen durften noch zerstörerisch sein auf eigene Faust. An einem Sonntag morgen führte uns so ein siebzehnjähriger Condottiere, unser Scharführer, an Kirchen vorbei: Dort werde gegen Führer und Volk gepredigt. Besucht jemand den Gottesdienst? Dann soll er sich merken, was der Pfarrer sagt, und es ihm berichten; er werde es weiterleiten an die Gestapo. Er führte uns sogar ein anderes Mal zu einer Gestapo-Leitstelle, wo er jemanden kannte. Das alles war faszinierend, aber beängstigend, fesselnd, aber fremd; es stieß ab, und erfüllte doch mit einem untergründigen Herzklopfen von Befriedigung. Allein daß am Sonntagmorgen »Dienst« angesetzt war, suggerierte Aufruhr: ein épater le bourgeois, gegen den langweiligen Feiertag, gegen die Kirche, gegen Ordnung gerichtet. (Das wurde übrigens

* Den Sowjetstern habe ich viele Jahre lang aufbewahrt. Warum? Als »verbotenes Objekt«? Das Symbol hatte seine magische Attraktivität – ähnlich wie die silberne Schlange auf einem (dunkelblau gebundenen) Buch meines Vaters. Ich nahm das Buch deshalb 1936 mit ins Internat, noch immer ohne Zugang zum Text, ja, ohne Interesse daran. Es hieß: »Also sprach Zarathustra«.

bald verboten: die Ordnung kehrte zurück, d. h. der Terror wurde arbeitsteilig organisiert, und antiautoritäre Gesten waren unerwünscht.)

Ich erzählte meinem Vater an einem unserer Wochenenden davon, und er verwickelte mich – für viele Monate – in kaum endende Gespräche: über Gott, Kirche, Freimaurerei (er war Atheist, zumindest neukantianisch: ignorabimus), über Wirtschaft und Staat. Die Wirtschaft als *neue Monarchie,* der »Untertan« müsse aber Bürger werden, der Arbeiter und Angestellte mitbestimmen; bei dieser Gelegenheit erfuhr ich etwas Verläßliches über Streiks. (Seine »konstitutionellen« Ideen verdankte er Friedrich Naumann – ein Name, den er oft genannt hat, wie auch den von Friedrich List.) Bei unseren Spaziergängen gab der »Damaschkeweg« Anlaß zu Bemerkungen über das Eigentum an Grund und Boden, über Arbeitersiedlungen und über Bodenreform. Wir sprachen auch über Denunziation und neuere Geschichte. Schließlich hielten die neuen Führer Zwölfjährige für reif genug, »politisch« zu sein, sollte er von seinem Zwölfjährigen schlechter denken? Er besorgte mir die »Geschichte unserer Welt« von H. G. Wells; ein kleines, verbotenes Buch über die amerikanische Unabhängigkeitserklärung, einen Roman von Upton Sinclair, und ein – gleichfalls verbotenes – Buch mit Reportagen. Das begann mit rührenden Berichten von Ch. Dickens und endete, glaube ich, mit Notizen von E. E. Kisch (oder von Sling, dem Gerichtsreporter der Weimarer Zeit).

Im Laufe weniger Monate erloschen meine Beziehungen zum Jungvolk erneut – sie »erloschen« wirklich, erlahmten, schwanden dahin. Es war da von meiner Seite kein spektakulärer Akt im Spiel, etwa ein formeller Austritt. Ich fing einfach an, die »Kameraden«, die Organisation, die Führer zu meiden; suchte Plätze auf, wo ich sicher sein konnte: da waren sie nicht, verlegte meine wieder einsamen Streifzüge ins Abseits, wo ich für »mein« Fähnlein und es für mich unsichtbar war.

Bis wir uns schließlich aus den Augen verloren hatten. Diese zwar nicht erkämpfte, aber doch nicht ohne List selbsttätig herbeigeführte Einsamkeit enthielt eine Glückserfahrung, die mich allen Gefühlen von Vereinzelung enthob: *Es gibt immer Orte zu finden, die leer von Macht sind. Die institutionelle Umklammerung des Lebens ist zu Anteilen Schein.*

Bei meinen Wegen in das Antiquariatsviertel der Altstadt zog mich eines Tages der Lärm eines öffentlichen Ereignisses zum Rathausplatz; hohe SA-Führer (im Juni 1934 dann zum Teil erschossen) eilten in schwarzen Stiefeln und Breeches eine Treppe hinauf, die sich ins Unendliche zu erstrecken schien. Ich zwängte mich durch die Massen, die frenetisch Beifall spendeten, bis zur Absperrung: nichts als Auge, als sinnliche Wahrnehmung, unberührt von den Emotionen um mich herum, erneut das »Abseits« als Bedingung der Erfahrung von Glück. Später besuchte Hitler die Stadt. Am Tage danach saß ich im Omnibus mit Vater und Onkel, die sich in englischer Sprache unterhielten; uns gegenüber zwei SS-Leute der Leibstandarte Adolf Hitlers. Sie hielten uns für Briten, einer beugte sich vor: »Have you seen us? We are Hitlers body-guard.« Ich hielt zu dieser Zeit gerade sehr wenig von meiner Verwandtschaft, aber die Situation entflammte mich minutenlang für meinen Onkel, der kühl und unnahbar blieb, und ebensowenig wie mein Vater den Irrtum aufzuklären beabsichtigte. Macht ist dumm.

Einige Zeit später wohnte ich für ein paar Wochen bei einem Vetter meines Vaters. Ich mochte diesen Vetter nicht. Das hatte mit meiner Mutter zu tun, die in der Familie des Vetters nicht als *deutsche Mutter* galt: egoistisch, nicht verantwortungsbewußt, eine Katastrophe für den Ehemann. Und meine Abneigung – eigentlich eine Mischung aus Angst und Haß, gemildert durch Neugier – antwortete auch auf den Umstand, daß der Vetter und seine Frau, wiewohl antifaschistisch, ihre Kinder quasi-faschistisch erzogen; ohne das zu ahnen, besten Gewissens. Sie sahen in der autoritären Psychose, die man in Deutschland »Erziehung« nennt, ein Antidot gegen den NS-Staat. Auch in der Pedanterie ihres täglichen Kleinterrors und ihrer Verdachtspsychologie. Auch sie hatten am normalen Faschismus teil: sie rochen die Abweichung (in der ihnen »fremden« Schwägerin, im aufrührerischen Kind). Ein deutscher Antinazi konnte allemal ein zur Sparsamkeit gezwungener Mittelständler sein, das war schlimm genug.

Der Nationalsozialismus, die zum Staat gewordene Unordnung, hatte, was »gut« an ihm war, der Familie des Vetters sozusagen gestohlen – Turnen, den Mythos der frischen Luft, die tägliche Hygiene und Sauberkeit. Aber Hitler schwächte die Religion des Gehorsams. Den schuldeten Kinder den Erwachsenen. Es wurde über Anweisungen der Erwachsenen nicht diskutiert, das gab es in der HJ. Tischsitten waren heilig, jedenfalls was meine Wirtsfamilie unter Tischsitten verstand: etwas sehr Penibles, verknüpft mit der Idee des einfachen Lebens, vor allem mit Schwarzbrot. Und Kindheit, das war ein Paradies, so gut geht's einem nie wieder. Als ich meine Mutter an einem Samstag besuchte (der mit ihr verabredete Besuchstag), sie hatte gerade ein Engagement in der Stadt, im sogenannten Schweizer Viertel, fand ich sie von Kopfschmerzen geplagt und ohne einen Pfennig Geld. Ich kehrte um, verlangte von meinen Wirten mein Taschengeld, das es immer sonntags gab, um es meiner Mutter zu bringen – für eine Schachtel Aspirin hätte es vielleicht gelangt – und erhielt es nicht: Sonntags wurde es ausgeteilt. No discussions, jedenfalls sprach der Vetter meines Vaters ein paar Worte englisch, als Dokumentation nicht von Bildung, sondern von Antifaschismus. (Diese Sitte ist mir später wieder begegnet, aber unter anderen Menschen und unter erfreulichen Umständen.*)

Einige Tage danach lief ich meinen Wirten weg, ging zurück in die elterliche Wohnung, in der niemand mehr war (bis auf den Untermieter**) und blieb dort. Aber wie sollte ich mein Gepäck aus der Wohnung der Verwandten kriegen – darunter die Schuhe? Ich war im »Abseits« durchaus ruchlos geworden, wenn ich mir nicht anders zu helfen wußte. Ein Stück Darwinismus benötigt, wer in den Sozialdarwinismus der mittelständischen Familie verstrickt ist. Der Vetter wohnte weit weg von uns in einem Stadtviertel, in dem mich keiner kannte. So ging ich – noch immer in Hausschu-

* Ich fuhr danach mit meinem Rad zu Verwandten in verschiedenen Stadtteilen, aber niemand gab mir Geld. Als ich gegen 18 Uhr wieder bei meiner Mutter ankam, hatte sie die Wohnung bereits verlassen. Wer nimmt einen Zwölfjährigen ernst? Familie ist und bleibt Gesindel (W. Busch). Ich habe keinem der damals Beteiligten vergeben; bis ich alt genug war, die Sache zu vergessen – es gab dann Wichtigeres.

** Meine Mutter war inzwischen schon in einem auswärtigen Engagement.

hen – zur HJ-Dienststelle dieses Viertels, behauptete, ich sei Mitglied, erzählte eine Schauergeschichte und erreichte es, daß zwei Ältere in Uniform zu meinen Verwandten gingen und dort auf sofortiger Herausgabe meines Koffers bestanden. Ich verschwand mit meinen Sachen und ließ mich in diesem Viertel nie wieder sehen.

So hatte der Faschismus für den Heranwachsenden eine gute Seite: er ließ sich gegen konkurrierende Formen des Terrors nutzen und noch dazu relativ gefahrlos für einen selbst, man mußte nur wissen, wie man sich ihm wieder entzog, also unsichtbar wurde.

Als ich 1936 Dresden verließ, verließ ich eine für mich sozial fast leere Stadt; ich sah in den letzten Monaten lediglich meinen zweiten Halbbruder Armin ab und an. Er war zwei Jahre älter als ich, und das ist manchmal viel. Wir mochten uns, wußten aber seit kurzem wenig mit uns anzufangen. (Er floh 1938 aus Deutschland.)

Heute würde ich sagen: Ich verließ die Stadt als ein einsam wandelndes Nashorn.

Die Eltern

Mit dem Vater

Mit 6 Jahren

Internatsjahre 1936–1939

Widersprüche, nutzbar gemacht

Das Internat hatte in einem Seitenflügel ein Mädchenwohnheim, bestimmt für auswärtige Schülerinnen der städtischen Höheren Mädchenschule. Koedukation galt »als der nationalsozialistischen Weltanschauung nicht gemäß«, war daher zu vermeiden: die überlieferte Separierung der Geschlechter in diesem Internat erhielt so nach 1934 ein ideologisches Fundament. Die alte Sexualfeindschaft der Pädagogen schlüpfte in die »NS-Gesinnung«. Zugleich galt auch für Gymnasiastinnen Hitlers Forderung nach »Weibern, die (. . .) Männer zur Welt zu bringen vermögen«. Das »Ziel« der weiblichen Erziehung »hat unverrückbar die kommende Mutter zu sein«. In den Lehrplänen des Gymnasiums nahm dieses Ziel Formen an, die der deutschen Seele wohltun: Schülerinnen der Unterstufe hatten Erstlingswäsche für Mutter und Kind herzustellen, die der Mittelstufe z. B. Wäsche für arme, kinderreiche Familien zu nähen, zu pflegen und auszubessern.

In der objektiven Anarchie meiner familiären Verhältnisse war ich auf einspringende Fürsorge angewiesen: es gab weder eine Mutter noch andere Verwandte, die sich um meine Wäsche hätten kümmern können. Und wir waren zu arm, um etwa Dienstleistungs-Unternehmen in Anspruch zu nehmen. Ich war auch sonst ein »underdog«: als einziger unter den gut hundertzwanzig Internatsschülern konnte ich die Wochenenden nur höchst selten zu Haus, d. h. bei meinem Vater verbringen (weil sein Zimmer zu klein, sein Arbeitsort zu entfernt, die Reise zu teuer war), ja sogar die Ferien über blieb ich das eine oder andere Mal als einziger in den riesigen Gebäudekomplexen von Schule und Internat zurück.*

* Das Küchenpersonal und die Verwalterin blieben auch in den Ferien im Haus.

So geriet ich binnen weniger Monate zum Substitut für die von den Lehrplänen erwünschte *kinderreiche Familie* oder die *Erstlingsausstattung*. Das Mädchenheim nahm sich meiner an. Es entstand an dieser Stelle ein zugelassener Kontaktraum zwischen den Geschlechtern, der zur Expansion neigte: manchmal nahm mich eine Primanerin in den Ferien zu ihren Eltern mit. Und es bildete sich über die anfangs ganz sozialhelferische und schulisch geprüfte Kommunikation eine Vertrautheit und Verständlichkeit des Verkehrs zwischen den Mädchen und mir heraus, die damals rar genug war, um erneut ein Abseits zu sein. Es gab keine Präzedenzfälle dafür, aber Kopfschütteln, auch Eifersucht, doch die »normative Kraft des Faktischen« entzog das Verhältnis bald der öffentlichen Aufmerksamkeit.

Die Hauslehrerin, selbst keine Hitlersche Mutter sondern Germanistin, sah sich außerstande, die Entwicklung zu einem »Verhältnis auf Gegenseitigkeit« zu unterbinden, wollte es wohl auch nicht. Sie nutzte die Emanzipationschancen, die der NS-Staat berufstätigen Frauen praktisch bot, während er Frauenemanzipation ideologisch streng negierte, und räumte dem Rektor wenig Kontrollrechte ein. Ich machte mich im Mädchenheim nützlich: zum Teil durch meine für damalige Verhältnisse fast monopolartigen Kenntnisse in schöner Literatur (d. h. als Hilfe beim Hausaufsatz), zum Teil durch Dienstleistungen wie das Besorgen von Schlüsseln für Klavierübungs-Zimmer oder den Bibliotheksraum. Mein Sinn fürs Verschwinden, für die Entdeckung von Nischen im System – eine für die Überlebenschance des »Stadtwilden« unerläßliche, daher schnell erworbene Qualifikation – machte mich binnen weniger Monate zum Spezialisten für Nebenräume, die sich als Abseits nutzen ließen.

Schon bald schwand aus den Beziehungen zwischen den Mädchen und mir alle Fremdheit, Unvertrautheit und Scheu, die – damals – den Untergrund für Liebe, Verliebtheit, erotische Affären, Sehnsucht bildeten. Unser Verhältnis wurde desexualisiert. So herrschte schließlich das Sexualtabu gerade an der Stelle des Internats, die immer im neidischen Verdacht stand, es zu übertreten. In einer auf Homogenität, auf »faktische Normalität der Verhältnisse« gestimmten

Gesellschaft bilden solche Schwirrphänomene, wie ich sie eben skizziert habe, einen point de résistance gegen die terroristische Normalität; damit aber sind sie Quelle von Glück, so daß letztlich doch das glücksfeindliche Sexualtabu der Betrogene war.

Die Konfirmation

Wollte ich meine Erinnerungen so darstellen, wie sie sich mir spontan aufdrängen, so wäre der Leser wahrscheinlich über lange Strecken enttäuscht. Habe ich denn eben über Lebensverhältnisse im NS-Staat berichtet? Immer sind es unsere Theorien, die der Macht – des NS-Staats, des Staats überhaupt, des Kapitals – eine Totalität des Zugriffs einräumen, die die Macht wohl anstrebt, aber eben nur in unseren Theorien erreicht. Immer bleibt deshalb eine Kindheit im Faschismus eine Kindheit. Und selbst dort, wo die These vom totalitären Zugriff – oder von der »reellen Subsumtion« – an der Daseinsweise von Menschen empirisch belegt werden könnte, gerät meist in Vergessenheit, daß auch Kinder und junge Leute sich entscheiden; so daß, wie die Ähnlichkeit unter eineiigen Zwillingen, auch die Kongruenz von herrschender Ideologie, Klassenlage und Innerlichkeit im modernen Staat irgendwann von den Individuen selbst gewollt, angenommen, ja vielleicht sogar gesucht worden ist.

Andererseits bleibt, wer die Übereinstimmung (oder Subsumtion) nicht will, keineswegs ungeschoren. Er muß sein »Nein« gegenüber der faktischen Normalität ja realisieren und nicht nur »denken«, sonst denkt er es nicht sehr lang. Er braucht Kritik im Handgemenge, d. h. ein gemeinsames Gelände mit der Macht. Das Abseits, von dem ich so oft spreche: der Ort also, wo wir vor der Faschisierung sicher sind, ist nur anfangs ein Geschenk; wir erhalten es uns in der Regel doch nur als Realitätstüchtige. Realität ist aber zu großen Anteilen die Realität der Macht. Ohne ein Minimum an Anpassung, ohne einen Rest an Bereitschaft zum Handel

(»bargaining«) fände man nicht einmal Nischen, um sich zurückzuziehen, und verlöre bald die Chance, eigene Produktivkräfte zu entwickeln – wie aber soll Dissidenz, wie Flucht, wie *Widerstand* ohne entfaltete Produktivität auf Dauer zu stellen sein? Auf seine Weise versteht auch der Vierzehnjährige schon, worauf es in der Diktatur ankommt: weder Opfer des Systems (des Kriegs, des Staats, der Ideologie, der Polizei), noch sein Handlungsgehilfe zu werden. Zwischen beiden Extremen oszilliert seine jugendliche Lebenspraxis. Solange, bis er von Umständen und Lebensbedingungen dazu genötigt wird, diese Praxis zu revidieren: er kann sich eines Tages nur retten, indem er Widerstand leistet. Im NS-Staat bedeutete dies wiederum: realitätstüchtig zu sein, sich im Gelände der Macht geschickt und wach zu bewegen.*

In diesem Zusammenhang bildet meine Beziehung zur Jugendorganisation des NS-Staats, zur NSDAP und zu anderen Institutionen natürlich eine Achse des Identitätsproblems und der Dissidenz. Ich will aber eher chronologisch als systematisch vorgehen, und weder auf Reflexionen noch auf Handlungsvollzüge späterer Jahre vorgreifen; daher ein frühes Beispiel für lebensgeschichtliche Dialektik, das von entglittenen Lernprozessen nicht frei ist. Man betritt das »gemeinsame Gelände« in kritischer Absicht, aber man verläuft sich in ihm.

Wie war denn meine Situation 1936? Im Internat kann die Kontrolle über die Schüler in mancher Hinsicht optimale Werte annehmen. So war es fast ausgeschlossen, das Haus auch außerhalb der an Wochentagen spärlich bemessenen Stadtfreizeit zu verlassen. Und fast unmöglich, den Unterricht in der Schule zu schwänzen. (Die Schule wurde von etwa 600 Jungen besucht, die meisten Externe.) Doch auch der Beitritt zur Jugendorganisation, Jungvolk oder HJ, war praktisch unvermeidbar.**. Es gab aber im Internat keine

* Nur, um die eigene Haut zu retten? Der Versuch, die Lage eines einzelnen im »Abseits« und sein Verhältnis zur Macht zu beschreiben, verkürzt. »Lage«, das ist immer ein Lage*bewußtsein,* in dem sich die Schicksale anderer Menschen spiegeln; vgl. Anmerkung S. 77 ff.

** Aber nicht ganz: Es gab Schüler, die »unorganisiert« blieben, wenn auch sehr wenige; darunter – jedenfalls in diesem Internat – kaum einer, dem ich mich nach tastenden Versuchen des Kontakts hätte anschließen wollen.

eigene Gruppe, home made – unsere Dienstorte und -stellen lagen in der Stadt.

Der Beitritt – in meinem Falle: der Wiedereintritt – war nicht nur praktisch unumgänglich, weil vom Internat und den Mitschülern kontrolliert. Ich empfand ihn durchaus auch als starke Versuchung. Und dies eben nicht aus den Gründen, von denen man heute häufig liest: weil der 14jährige auf die Sensationen des Lagerfeuers, der Lieder, der Nachtwachen, Kriegsspiele und Zeltplätze hofft, auf Unternehmungen, die, wie er weiß, den Alltag des Dienstes nicht ausmachen; oder weil ihn die peer group magisch anzieht; oder einfach weil die Teilnahme am Dienst sich in Schule und Internat von selbst versteht. Sondern weil er zu solchen Zwecken das Internat verlassen darf – nicht nur darf, sondern *muß;* ein »muß«, vor dem sich der Zwang der Hausordnung als bloßes Papier erweist. Weil der Zwang des Dienstes den des Hausmeisters und der Hauslehrer bricht; weil zwischen dem »Dienst« und dem Zeitpunkt der Rückkehr ins Internat eine wie immer schmale Marge an Zeit entsteht, die sich der herrschaftlichen Kontrolle entzieht. Die Versuchung, sich in Jungvolk und HJ zu organisieren, lag also in der antiautoritären, ja rebellischen Chance, die sie dem Heranwachsenden bot. Ihre objektive Basis war die Rivalität der Institutionen Schule und HJ.

Die antibürgerliche Rebellion der HJ hatte im Jahre 1936 jedoch schon gar keine Substanz mehr, sie war nur noch *pseudo.* Ein Vierzehnjähriger bemerkt das nicht oder nicht deutlich: »pseudo« ist manches in ihm selbst. Identitätsfindungen, pubertäre Krisen enthalten immer ein Stück Spektakel, Effekte, denen die Ursache fehlt. So war es eben doch so, daß mich bei aller Abneigung ein Stück Faschismus auch anzog – aus welchen guten oder trüben Gründen auch immer.

Erst in den Jahren nach 1937 ging ich durch einen lebensgeschichtlichen Kristallisationsprozeß, der dieses Moment des Schwankens eines Tages tilgte – ein Prozeß, der mir selbst, und gewiß mit Recht, als glückliche Kontinuität des »ich, ich selbst . . .« erschien, weit weg vom NS-Staat, von Politik. Daß er mich noch vor Ende der Schulzeit in enge Beziehungen zu Antifaschisten, zu kommunistischen und liberalen Intellektuellen gebracht und sich wie mit einem Male politisiert hat, lag zwar in der Geschehenslogik dieser Kristallisation, aber keineswegs in jenen inneren Bildern, die ich mir damals von zukünftigen Ereignissen machte.

Es gab einen Wendepunkt, Ostern 1937, der die »alte« Periode – 1934 bis Ende 1936 – in einigen ihrer Widersprüche zusammengefaßt und zu neuen Entwicklungen übergeleitet hat: meine Konfirmation. Die »Einsegnung« war damals im evangelischen Sachsen durchaus üblich, einer der kirchlichen Riten, die der NS-Staat den Bürgern ließ. Ende 1936 gab es daher für meine Altersstufe den »Konfirmandenunterricht«, der von einem Geistlichen erteilt wurde. Als ich mich anmelden wollte, stellte sich heraus, daß ich gar nicht getauft war. Ich wußte das nicht oder hatte es längst vergessen.

Mein Vater war der Auffassung gewesen, sein Sohn solle eines Tages selbst entscheiden, wie er sich zu Gott und Kirche verhalten wolle, ohne ein im Zustand vollständiger Unmündigkeit verhängtes Präjudiz. (Dies war ein Akt der Emanzipation von seiner Seite: in der väterlichen Familie hatte es viele Generationen lang unter den Söhnen immer mindestens einen Pfarrer gegeben. Es existierte ein Erbanspruch auf evangelische Theologie; ich werde an anderer Stelle darüber berichten.)

Es ist nicht leicht, deutlich zu machen, wie sehr ich im Internat ein Außenseiter und manchmal ein outcast war, aber nur wenn man das weiß, wird der »Wendepunkt Konfirmation« verständlich. – Nach den anarchischen Perioden der letzten Dresdener Jahre konnte mein Verhältnis zu Regel und Ordnung des Internats nur die Form des erbitterten Kriegs annehmen, und der Wechsel vom gelernten Alleinsein, ja der Lust an der Einsamkeit in eine große Schülergemeinschaft enger räumlicher Konzentration ließ mich reagieren wie ein in die Enge getriebenes Tier. (Die vorhin erörterten Beziehungen zum Mädchenwohnheim hatten auch die Funktion des buen retiro; das hat allerdings meine Lage auf »meiner« Seite des großen Gebäudekomplexes nicht gemildert.) Und wenn sich meine Position schließlich verbesserte, so zunächst jedenfalls nicht infolge entwickelter sozialer Kontakte, sondern durch etwas, was man meine Unbeugsamkeit nennen mag, oder die Unfähigkeit, mich anzupassen – so oder so, es machte auf Schüler und Hauslehrer mit der Zeit Eindruck. Dann die Entfaltung einer gewissen polemischen Intelligenz, die auch Ältere lehrte, mir lieber aus dem Wege zu gehen; einige Jäger wurden scheu. Und erst als letztes eine Freundschaft mit Älteren, die Schutz gewährte (aber das kam erst später).

Gut, es stellte sich also heraus, daß ich nicht getauft war, daher auch nicht zum Konfirmanden-Unterricht zugelassen werden konnte. Es mag unlogisch erscheinen, daß ich diesen Ausschluß nicht hinnehmen wollte. Wäre es nicht ein »Abseits« gewesen, ein Moment, sich zu unterscheiden? Hätte es mir nicht sogar zusätzlichen Unterricht und die Teilnahme an Zeremonien erspart? Doch es war ein Moment der Differenz, das nicht eigentlich das »meine« war, kein Aspekt des »erbitterten Kriegs«, ein zufälliges, nicht angeeignetes, sinnarmes Moment der Nicht-Übereinstimmung. Nahmen denn alle evangelischen Schüler meines Alters an der Konfirmation teil? Nein, einige nicht. Aber warum? Entweder waren ihre Eltern Angehörige einer der vielen Sekten, die es in Sachsen immer gegeben hat: wunderliche Heilige, mit meist geduckten, stillen Kindern, mit denen ich nichts gemeinsam hatte, oder es waren die Söhne dezidierter Faschisten, deren aufgeblasene Kirchenfeindlichkeit nur die andere Seite ihrer »Weltanschauung« war. Da lag mir alles an Distanz und nichts an objektiver Nähe. Überdies hatte ich begonnen, Träumen und Stimmungen nachzugehen, die wir »religiöse« nennen. Am Religionsunterricht war ich sogar sehr interessiert, so selten er mir damals auch das gab, was ich erwartete.

Kurz: ich ließ mich in Dresden taufen und wurde Ostern 1937 in derselben Kirche konfirmiert. Nun war die Konfirmation aber, anders als die Taufprozedur, ein öffentlicher, kein privater Akt. Diese kirchliche Öffentlichkeit hat bekanntlich ihre spezifische Verkehrsform. Man erschien reinlich und gut gekleidet – es gab dafür ein besonderes Kleidungsstück, den »Konfirmanden-Anzug«. Ihn neu zu erwerben, lag außerhalb der finanziellen Möglichkeiten meines Vaters; er mußte irgendwo geliehen werden – aber wo?

Dann gab es für die Feier eine peinliche Choreografie, die im Unterricht eingeübt worden war.

Und nur über der Taufe hatte ein schwacher Glanz des Magischen geschwebt, eine Erinnerung an jene unio mystica, von der ich später in den Predigten des Meister Eckehart las; die Konfirmation dagegen roch. Sie roch nach Unterwerfung, nach faktischer Normalität. Sie trieb den Geist aus wie ein unerwünschter preußischer Katechet.

So machte ich Gebrauch von einer Möglichkeit, die es immerhin gab, obwohl in meinem Erfahrungsumfeld kaum jemals genutzt: die Teilnahme am kirchlichen Zeremoniell in Jungvolk-Uniform. Für mich war dies die Fortsetzung des »Kriegs« gegen die Normalität. Ich wurde auf paradoxe Weise im Abseits konfirmiert, nämlich unter dem Hakenkreuz, und an gewissen Stellen des Rituals, wo man sich eigentlich verbeugen sollte, schlug ich die Hacken zusammen wie ein Soldat – eine Abwandlung der Zeremonie, die nirgends vorgesehen war, aber die Logik faschistischer Formen für sich gehabt hat. Es war, bei Licht betrachtet, Lebenspfusch. Mein Vater war nicht gerade glücklich. Gewiß: Pfarrer, Öffentlichkeit und Ritual mußten es sich bieten lassen, daß einer den Bruch mit ihren Traditionen ausdrückte, während er sich ihren Riten unterzog; Traditionen, die leer genug waren, so daß es ihnen recht geschah. Ich hatte aber die Form gewählt, in der Faschisten mit Traditionen brechen. Ich wählte ihre Uniform als Mittel meines Protests, doch es war ihre Verkehrsform, die sich zum Inhalt meines Protests gemacht hatte.

Ich war am Ende selbst nicht glücklich damit. Es war nicht Scham, was ich empfand, eher ein Verlust von Identität. Das ist ein Niveau, auf dem es sich mit der Lüge schlecht lebt, und ich lebte gern. Ein Vierzehn- oder Fünfzehnjähriger, der hinterher Kaffee und Kuchen genießt »und nicht mehr daran denkt«, denkt sehr wohl lange daran. Was ist denn Mut? Was ich da bewiesen hatte, war keiner. Ich empfand, was ich erst sehr viel später auch ausdrücken konnte: Mut ist die Gesinnung der Freiheit, und das Ergebnis von Freiheit überwältigt den Mutigen, weil es ihn überrascht – es ist nämlich *Glück*. Ich war aber unglücklich. Jedenfalls wurde die Konfirmation für mich in der Tat das, was sie ihrem kirchlichen Sinne nach einst für den Gläubigen markiert hat: ein Wendepunkt.

HJ-Zeltlager im Hunsrück

In den ersten Sommerferien der Internatszeit *ging ich auf große Fahrt,* d. h. ich nahm am Zeltlager des Jungvolks (HJ) teil, mit Angst und mit kühnen Erwartungen.

Fürs erste war die »große Fahrt« wohl glaubhaft: Mit der Eisenbahn als bewimpeltem Schiff fuhren wir länger als einen Tag nach Birkenfeld im Hunsrück, also in die Pfalz, für einen sächsischen Jungen sehr weit weg. Danach ein Zeltlager im dörflichen Gelände.

Am zweiten oder dritten Tag schon stand ich am hölzeren Schlagbaum, der das Lager abschloß, in gehöriger Entfernung von der Wache, und sah sehnsüchtig nach den Waldstücken »im Tal«. Es war aber kein Tal da, unser Lagerplatz befand sich auf einer leicht gewölbten Ebene, es sollte nach meinen Erwartungen eins sein:

> »Jenseits des Tales standen unsere Zelte,
> vor'm roten Abendhimmel quoll der Rauch«,

war eines meiner Lieblingslieder, vor allem zweistimmig gesungen, doch auch in meiner literarisch geprägten Phantasiewelt war »Tal« eine Chiffre für das trunkene Verhältnis zur Natur. Das Draußen, von dem der lyrische Sog ausging, war betretbar entweder als Exerzierplatz oder als Ort für laute Spiele, und beidem konnte man sich kaum entziehen. So blieb mir von den Erwartungen der »großen Fahrt« wenig – der Abend am Lagerfeuer und die Nacht. Aber nur der Wachdienst durfte das Zelt für ein oder zwei Stunden verlassen, wenn der Himmel voller Sterne war oder sich im Osten schon erhellte.

Der Dienst bestand zu großen Teilen darin, praktische Bedingungen des Lagerlebens zu garantieren (also für Essen, Trinken, Sauberkeit zu sorgen), dazwischen oder danach:

»Schulung«, Spiele, ein Wettkampf; manchmal ein Ausmarsch ins Gelände. Wir hatten auch Freizeit, aber man verbrachte sie im Lager. Erst am sechsten oder siebenten Tag durften wir alle ins Dorf, sahen in Bauerngärten und -häuser, kauften uns was. Bei dieser Gelegenheit verdarben sich einige von uns den Magen, wahrscheinlich am Speiseeis – ich leider nicht. Es gab zwar Fieber und Durchfälle, aber auch den vorgeschriebenen Besuch beim Arzt, der die Erkrankten aus dem Lager entließ: sie wurden nicht nur vom Dienst freigestellt, sondern bei Bauern – »privat« – untergebracht.

An diesem sechsten oder siebenten Tag hätte ich das Steinhaus dem Zelt schon vorgezogen, die Lust an *bewimpelter Fahrt* war verraucht. Ich wäre gern allein gewesen. Und in der Stadt hatte ich mich viel besser zurechtgefunden als zwischen Sträuchern und Zelten. Was tun? Sich krank melden? Ich war nicht krank. Einen guten Tag zögerte ich, weil ich meinte, der »Führer vom Dienst« (der für Krankmeldungen zuständig war) würde mir meine schlechten Absichten ansehen können, aber dann faßte ich mir ein Herz. Zu meiner Erleichterung handelte der zunächst telefonisch verständigte Arzt kurz und knapp. Ohne Umstände – und ohne Untersuchung – empfahl er meine Verlegung in ein Bauernhaus. Da saßen wir nun, zu zweit oder zu dritt, und redeten mit den Bauernkindern, die uns neugierig besuchten.

Mit Befriedigung hörte ich von einem Führer, der gelegentlich nach den Kranken sah, was wir versäumten: unsere Kameraden erwarben anscheinend ein Sport- oder Leistungsabzeichen – Sprung, Wurf, Wettlauf, Bodenturnen, Übungen im Gelände, sie lernten, wie man mit Kompaß und Landkarte umgeht. In unserem »Abseits« gab es Abenteuer-Bücher aus der Schulbibliothek, und unter den Besuchern ein Mädchen, in das ich mich heftig verliebte. Ich weiß ihren Namen und ihren Geburtstag noch, ja, ich erinnere mich sogar an das Haus, in dem sie wohnte: als acht oder zehn Tage später die »große Fahrt« glücklich vorbei war und die »Kranken« sich pünktlich am Bahnhof einzufinden hatten, lief ich dort rasch noch einmal vorbei; sie sah aus dem Fenster.*

* Ich schrieb ihr zum Geburtstag (12. Dezember) einen langen Brief. Geantwortet hat mir der Vater, der sich jeden weiteren Briefwechsel verbat.

An einem Zeltlager der HJ habe ich nie wieder teilgenommen, so oft ich in den Ferien auch unterwegs war. Die Disziplinarordnung der Hitlerjugend enthielt einen lästigen Paragraphen: »Fahrten ohne Uniform, auch als Einzelwanderer, sind unzulässig«*, und mit Uniform war die Einzelwanderung erst verpönt, dann verboten.

Anfangs wußte ich davon nichts, welcher Junge liest eine Disziplinarordnung? Später kümmerte ich mich nicht darum, weil es keine organisierten Kontrollen gab, und als 1938 ein »Streifendienst« dafür eingerichtet wurde, fand ich einen Ausweg.**

Weihnachten 1937

Ein Mittelgebirge, das »Erzgebirge«, bildet die Ostgrenze Sachsens zur Tschechoslowakei; für ein Dresdener Stadtkind: Wälder, Pilze, holzgefertigtes Spielzeug und Volkslieder im Dialekt. Im Winter nahm man seinen Rodelschlitten mit. Wo die Ebene unweit von Chemnitz (heute »Karl-Marx-Stadt«) ins Gebirge übergeht, lebte ein Onkel meines Vaters, ein evangelischer Landpfarrer. Das Pfarrhaus roch, wie in vielen deutschen Lebenserinnerungen, nach Fröhlichkeit, Holz, Äpfeln und Tabak. Ich hatte als Kind dort abenteuerliche Ferien verbracht, aber das war lange her – zwei, drei Jahre.

Inzwischen war die Grenze zur Tschechei »politisiert«. Im Schullandheim wurde ich mit der Geschichte der deutschstämmigen Minderheiten des Nachbarlandes gelangweilt. »Wehe dem Volk, dessen Grenzländer nicht mehr so dicht besiedelt sind, daß ein dichter Wall von Menschenleibern dem Bevölkerungsdruck eines wachsenden Nachbarstaats standhalten kann!«, hieß es in unserem Geografiebuch. Bei

* Der Reichsjugendführer, 25. 4. 1935
** S. 50

den Friseuren im Dorf konnte man Zigaretten stückweise kaufen, darunter die tschechische *Vlasta*, für anderthalb Pfennige.

1937 wurden mein Vater und ich eingeladen, die Weihnachtstage »im Kreise der Familie« jenes Onkels zu verbringen. In dieser Phrase verflochten sich Mitgefühl und Kritik. Für die Gewohnheiten des geistlichen Mittelstands war jede Auflösung der Familie, die anders als durch den Tod entstand, Anlaß zur Sorge, das heißt: sie mißfiel. Den NS-Staat verdächtigte man der Familienfeindlichkeit, weil er Kinder gegen ihre Eltern einnahm und familiäre Beziehungen, begründet auf Sitte und göttliches Gebot, politisierte. Bewegte sich eine Mutter, die aus politischen Gründen Land, Mann und Kind verließ, nicht im selben Dunstkreis? Mitgefühl, ja, aber als »absprechende Liebe«.

Auf dem tief verschneiten Weg, in der Heiligen Nacht von Laternen in den Händen der Kirchgänger erhellt, teilte ich meinem Vater meine »absprechende Liebe« zur Verwandtschaft mit: ein gut antinazistisch gesinnter Landpfarrer, dessen großer Stolz noch immer das im Ersten Weltkrieg erworbene Eiserne Kreuz war! Die Bibel als Visitenkarte des »Kriegervereins«! Er litt an den Spätfolgen einer vor Tannenberg erworbenen schweren Verwundung (hatte also unter Hindenburg gekämpft), und, obwohl über den NS-Staat entsetzt, hätte er sich den Granatsplitter, der ihn traf, am liebsten in Gold gefaßt.

Mein Vater mußte nach den Feiertagen zu seinem Job zurück. Ich blieb noch ein, zwei Tage und las. Dann fuhr ich (mit väterlichem Einverständnis) nach Dresden. Das Land, nach dem ich hungerte, war die Stadt; das Abenteuer: dort allein zu sein.

Nicht ohne Zutun des Nationalsozialismus war Dresden für mich eine *offene Stadt* geworden. Wir sehen die Auflösung alter mitmenschlicher Beziehungen gern unter dem Aspekt des Leidens daran, als machte jeder Verlust arm. Daß meine Mutter nach England zurückgekehrt war, blieb ein Verlust. Aber sie löschte damit die vielen, über sie vermittelten sozialen Beziehungen aus, die ein Kind allein nicht fortsetzen mag oder kann; die ja auch nie wirklich die seinen waren, wenn auch feste familiäre Gewohnheiten. Andere

Kontakte zu Menschen, Stadtvierteln und Straßen hatten schon die Emigration des Halbbruders Frank nicht lange überdauert. Oder schwanden langsam, seitdem der Vater nicht mehr gegenwärtig war. (Von Hassan Pré, seinem tschechischen Freund, wußte ich nicht einmal mehr, wo er wohnte.)

Unweit vom großen Garten, den ich beklommen mied – wo war Ellen, wo war Frank? – lebte eine Cousine meines Vaters in wohlhabenden Verhältnissen; sie nicht besuchen zu müssen, war nun möglich und ein Geschenk der Zeit. Bei einer frühen Gelegenheit, meiner Taufe, hatte sie mich mit dem harten, verzopften Blick der NS-Frauenschaft angesehen, der sie nach 1933 beigetreten war. Nicht aus Gesinnung, wie es in der Familie hieß, sondern wegen der Karriere ihres Ehemannes, einem Stadtrechtsrat. (An ihm hatte ich zeitig meine Abneigung gegen Corpsstudenten erworben. Er sammelte Briefmarken – wie ich; dieses »wie ich«, von einem Elfjährigen gesagt, brachte ihn außer sich.)

Verändert vom Straßenverkehr und von Neubauten war das Gelände der Volksschulzeit. Gleichgültig lief ich an dem kasernenartigen Schulgebäude vorbei. Der Bäcker nebenan bedeutete nichts mehr. Dresden war über die alten Schauplätze der Kindheit hinweggewachsen. Ein Stadtviertel nach dem anderen wurde wieder fremd; schon halb angeeignete Straßen, Plätze, Parks hatte die Stadt in ihre Anonymität zurückgenommen. Aber es blieb das mit den Gegenden und Räumen Dresdens verwobene körperlose Netz aus erinnerter Abneigung, Sehnsucht und Trauer; nicht mehr von sozialen Gewohnheiten gestört, nur von der Stadt und der eigenen Innerlichkeit gehalten, ließ es, locker geknüpft, endlich Raum für Entdeckungen.

Der Fünfzehnjährige fand zwischen Fremdheit und Wiedererkennen die städtische Objektivität; zwischen dem »damals« und dem bloßen »jetzt« seine Gegenwart. Ein lustvoller Prozeß des Vermittelns, in dem die Identität beider entstand: der Heimat Stadt und dessen, der sie sich aneignen darf, unbeaufsichtigt, von Eltern, Verwandten, sozialen Gewohnheiten entlastet.

So endete das Jahr 1937 groß. Dem »Wendepunkt Konfirmation« war eine neue Entschlossenheit gefolgt, Existenz nicht mehr nur in der Auflehnung zu sehen. Mein erster Silvesterabend allein war der kulturellen Überlieferung Dresdens sogar getreuer, als es die früheren der Familie waren: Erst geistliche Musik in einer der großen, zeitig überfüllten Kirchen, dann ein Buch. Ich bin sicher, daß es Goethe war, den ich zur Hand nahm, wenigstens für eine Weile.* Für die gleichfalls traditionelle Party mit Gästen fehlte mir Sinn und Gelegenheit, doch die unruhige Erwartung der Mitternacht hatte ihre unterhaltsame Seite.

Danach, in den Straßen der Stadt, beim großen Feuerwerk und Neujahrsgeschrei, war die Jahreswende ein Rausch.

Freiheit und Realismus

Kindheit unter dem Faschismus: das umschloß auf der Seite der Gegner und Geschädigten die Chance vertrauensvoller Beziehungen auch von Vater und Sohn. Es war ein Vertrauen in den Wirklichkeitssinn des anderen, das freilich Zeit brauchte, sich zu entwickeln.

Da ich nun einmal seit 1935 bei Jugendamt und Polizei als verwahrlosungsgefährdet registriert war, mußte mein Vater Vertrauen in meinen Realismus setzen, also auf ausreichende Vorsicht und Geschicklichkeit, neue Zusammenstöße dieser Art in Dresden zu umgehen. Ein »Zusammenstoß« wäre es schon gewesen, wenn die Polizeiwache in der Nähe der elterlichen Wohnung oder ein unfreundlicher Nachbar bemerkt hätten, daß da ein Fünfzehnjähriger sich allein in der Großstadt aufhielt, ergo: sich »herumtrieb«, auch noch nachts. Die kontrollierende Einrichtung, die Jugendlichen einen solchen Realismus erspart, das Netz der Familie, bestand in meinem Falle nicht mehr. Umgekehrt mußte ich darauf vertrauen, daß mein Vater realistisch genug war, um einzusehen, daß eine disziplinierende Haltung von seiner Seite (oder gar ein Verbot) nur ein leerer Gestus sein konnte: die objektiven Bedingungen dafür fehlten uns. Er mußte zu

* Als Primaner, 1940, entschloß ich mich, jedes Jahr zu Ostern den Faust (Teil I und II) zu lesen. Von einigen Kriegsjahren abgesehen, blieb ich diesem Entschluß bis gegen das Ende der 50er Jahre treu.

seinem Job zurück, in ein kleines Zimmer, und etwas Geld hätte er mir auf jeden Fall geben müssen, und sei es für die Rückreise ins Internat.

Unsere Zuneigung füreinander wäre ohne diesen aufgeklärten Realismus nur ein Klebemittel für Risse in den gegenseitigen Beziehungen gewesen. Wenn ich ihn besuchte, nahm er mich mit ins Café, dort redeten wir oder lasen Zeitungen, mit Kommentar (in späteren Jahren das *Reich* oder das *Schwarze Corps* – als unsere kleine kritische »Hochschule für Politik«*). Abends machten wir uns das Essen selbst zurecht, oder, falls die Wirte keine Küchenbenutzung gestatteten, aßen wir im Zimmer meines Vaters Brot, Käse und Wurst.

Ein Problem hatte er mit mir, das ihn bedrückte: ich schrieb ihm kaum. Doch ich lebte in meiner Gegenwart nach einem Drehtürprinzip: war ich mit meinem Vater zusammen, so existierte das Internat für mich nicht, dort aber war er mir ganz fern. Ähnliches galt für meine Mutter. Obwohl sie einmal anrief (1937) und mir zwei- oder dreimal eine Pfundnote und ein Päckchen schickte, habe ich ihr – bis zum Jahr 1947 – nur ein einziges Mal, und widerwillig, geschrieben. Nach der Anschrift Franks habe ich mich nicht einmal erkundigt. Natürlich hatte ich beide nicht »vergessen«, am wenigsten die Trauer über unsere Trennungen; das alte Leben aber war vernichtet. Es gab nur Gegenwärtigkeit, und in ihr die ersten eigenen Traditionen. In denen kamen Mutter und Brüder nicht vor, kaum der erreichbare Vater.

Es gab zwischen ihm und mir übrigens auch sentimentale Phasen: Eines Tages schenkte er mir »Hauptmann Sorell und sein Sohn« von Warwick Deeping, ein Buch, das damals mehrere deutsche Leser zu Tränen gerührt hat. Es war einigermaßen verbreitet, und das wirft ein Licht auf die Paradoxie unserer damaligen Situation. Ein Verhältnis wie das unsere: mit Vertrauen zwischen Vater und Sohn, mit »Kameradschaft«, wie man damals solidarische Beziehungen mißverstand, mit einigen sentimentalen und moralischen

* D. h., daß ihr Formniveau diese Zeitschriften diskutierbar machte; auch für eine anspruchsvollere Kritik, die im *Völkischen Beobachter* längst keinen Stoff mehr fand.

Akzenten, mißfiel dem Nationalsozialismus ja nicht nur. Er hat das Grauen und das Idyll immer in einem Schritt produziert. Nun trennte uns von der Vater/Sohn-Ideologie des NS-Staats vieles; wie ja auch seine Wirklichkeit vom ideologischen Versatzstück abwich. Nur in der Ideologie trug er der Bewunderung des Mittelstands für den Offizier und Soldaten Rechnung, der, wie Hauptmann Sorell, im privaten Leben »tapfer durchhält«.

Realismus und Freiheit, die ich da – außerhalb von Schule und Internat – genoß, waren die Folge der vom Nationalsozialismus produzierten Zerstörung unserer Familie: 1937 nicht anders als drei Jahre vorher. Eine Auflösung der Familie bloß durch Scheidung oder Tod eines Elternteils vor dem Faschismus hätte diese Konsequenz wahrscheinlich nicht gehabt. So gewiß es auch ist, daß der NS-Staat diese Konsequenz nicht gewollt hat – Realismus und Freiheit, so fanden wir sie doch nicht nur gegen ihn. Denn die Freisetzung der Heranwachsenden von »sozialen Gewohnheiten« der frühen Kindheit, die Zerstörung auch des Mikrokosmos der bürgerlichen Familie, die hat er gewollt, weil er Kinder wie Erwachsene unmittelbar der Partei, der Ideologie, den Normen des Staats subsumieren wollte. (Das erste ließ sich für uns nutzen, das zweite konnten wir vermeiden.) Natürlich sollte die deutsche Kleinfamilie andererseits auch gefestigt werden, als staatlich unerläßliche Form der »Parzelle« und als indirekt kontrollierter Ort der Reproduktion; das war schon objektiv bei uns nicht mehr möglich.

In der Zerstörung des Mikrokosmos der bürgerlichen Familie war der Nationalsozialismus Agent einer ihn weit übergreifenden Tendenz, die letztlich aus dem Produktionsverhältnis und dem Verfall der bürgerlichen Herrschaft entspringt. Mein Vater und ich fanden in den Jahren nach 1933 wohl nur darum eine »alternative« Form für unsere Beziehung, weil sie in Vertrauen, Sentiment und Unbürgerlichkeit nahe genug an den ideologischen Versatzstücken des NS-Staats blieb, um unter den damaligen sozialen Bedingungen möglich zu sein – gegen die Intentionen des NS-Staats. Unsere Mitwelt konnte uns mißverstehen, aber das ließ uns unentdeckt.

Was mich Ende des Jahres in Dresden beflügelte, war also

eine historische Tendenz. Das Glück hatte seinen geschichtlichen Atem; wahrscheinlich war es deshalb so groß. Ich wußte nichts davon – vielleicht war es deshalb so kurz, so rasch wieder zu verschütten, jedenfalls auf der »Oberfläche« kommender Erfahrung.

Das Jahr der Faschisierung (1938)

Ein schwarzer Frühling

Die Rückkehr in Schule und Internat nach den Weihnachtsferien war immer ein zweiter Anfang des neuen Jahres, und dieser war fast vom ersten Tage an schlecht.

In der Schule begann die »Vertreibung aus dem Paradies«. Nun war die Schule für mich nie eins gewesen, hätte es aber – wäre es nach meinen Hoffnungen gegangen – gerade jetzt werden sollen. Das Jahresende in Dresden hatte meine Produktivität entbunden, mein Kopf war frisch geworden, beweglich, leicht, und anders als in den Jahren zuvor drängten meine eigenen Bildungsinteressen auf eine Berührung mit dem schulischen Angebot. Ich wollte gern, was mir spontan zugefallen war, im Unterricht lustvoll fortsetzen, und diese Bereitschaft fand keine Chance mehr, sich zu vergegenständlichen. Zwar begann ich noch zu schreiben, erwarb mir schmalen literarischen Ruhm und die Zuneigung meines Deutschlehrers, blieb aber nach diesem Anlauf stecken. Es kommt eben vor, daß der Gang einer Lebensgeschichte vom gegenläufigen Trend einer äußeren, objektiven Geschichte unglücklich geschnitten wird.

Dieser Trend, die »Faschisierung der Schule«, nach den chaotischen und bald wieder zurückgenommenen Anfängen 1933/34 erst relativ spät vom NS-Staat systematisiert, veränderte unseren Lebensraum vorübergehend, aber einschneidend; den Einschnitt spürte ich, daß die Veränderung nicht andauern würde, konnte ich nicht wissen. Aus der Oberschule, die ich besuchte, ließ die neue staatliche Direktive alle Reste der Weimarer Reformpädagogik schwinden, namentlich die der »Arbeitsschule«. Wenn man einmal von den schwer faßbaren Verschlechterungen des sozialen Klimas absieht, dem veränderten Ton und Gestus des Verkehrs, erinnere ich mich nur an einen einzigen, für die Veränderung bezeichnenden Umstand: Spontane Wendungen in der Schülerarbeit galten nun in fast allen Fächern als unerwünscht. Was wir aus Neigung, aus Interessse taten, wurde nicht mehr als »Leistung« gezählt – sogar wenn es mehr war, als der Unterrichtsplan vorschrieb. Daß ich mich in einer Zwangsanstalt befand, als die mir die Schule ja nun nicht mehr erscheinen wollte, wenn sie mir auch früher so erschienen war, lehrte mich die neue Pausenordnung: in der »großen Pause« wurden wir in Kolonnen in den Schulhof geführt, und das empfand ich als ebenso schlimm wie die wachsende Zahl und Bedeutung von »Appellen«, Fahnenparaden und politischen Wochenparolen, zu denen die Schule sich zu entschließen hatte.

Ich weiß nicht, was der staatliche Eingriff für unsere Lehrer bedeutet haben mag, er brachte mit Sicherheit für sie Unruhe. Er zwang die Konservativen wie die »Reformpädagogen« zum Verzicht auf Haltungen, die ihnen lieb waren, und er erinnerte die Parteigenossen unter ihnen an ihre politische Pflicht; Umstände, die das Klima namentlich für die Schüler verschlechterten, denn an den Schülern läßt sich solche Unruhe schließlich aus. Besonders an jenen wenigen, deren Motivation ihren Lehrern nun als einziger Vorwurf erscheinen mußte: weil sie an Glückserfahrungen erinnerten, die sich die Lehrer spätestens jetzt selbst verboten.

Der neue Trend nahm mir auch die Chancen zu »Umwegleistungen«, einer halbbewußten, vorpolitisch-politischen Widerstandsform. Dafür ein Beispiel:

Schon 1937 wurde das Unterrichtsthema »Landkarte« (Fach: Erdkunde) ideologisiert – mit wehrgeografischen und wirtschaftspolitischen Assoziationen; die Oberfläche des Planeten als Aufmarschgelände und Ort von Ausplünderung. Es war jedoch möglich, auf diese Politisierung »von oben« mit einer Historisierung »von unten« zu antworten. Man konnte ein nicht gefordertes Interesse am geschichtlichen Kartenvergleich, an der Entfaltung von Erdkenntnis und Kartografie entwickeln, oder an Herstellung und Vertrieb von Landkarten, immerhin ja auch ein wirtschaftsgeografisches Thema; immer vorausgesetzt freilich, dies führte zu anerkennenswerten Leistungen. Der natürliche Konservativismus des Bildungssystems, der sich an der Militarisierung von Unterrichtsfächern stieß, war gegenüber solchen »schiefen« Lernprozessen und Leistungen zunächst hilflos. Mir gestatteten sie es übrigens nicht nur, gewissen Zumutungen auszuweichen – oft mehr instinktiv als bewußt, sie sicherten mir auch ein bescheidenes Maß an freundlicher Zuwendung des Lehrers.

Daß die Reformpädagogik jetzt, 1938, verboten wurde, verstärkte ein anderes, gegenläufiges Element der konservativen Schule: ihre Rigidität. Sie ließ die – politisch unerwünschte – Umwegleistung einfach ersatzlos entfallen. Einzelne Lehrer, die neue Wege suchten, das Interesse der Schüler lebendig zu halten und im Unterricht aufzunehmen, wurden entmutigt. Und die Unterrichtsinhalte?

Von *Hans Grimm* spielte einmal ein Text eine gewisse Rolle, der vom »Glauben der Nordleute« sprach: »Der Glaube der Nordleute ist (. . .), daß die Tüchtigen mehr Recht haben als die Untüchtigen; der Glaube ist, daß die Ordentlichen mehr Recht haben als die Unordentlichen; der Glaube ist, daß die Gesunden mehr Recht haben als die Kranken (. . .), die Begabten mehr Recht als die Unbegabten« (usw. usw).

Zu meinem Glück war ich extrem unordentlich und in Vielem, was damals etwas galt, auch untüchtig, übrigens nicht gerade einer von den Gesunden. Der »Blick von unten«, der schon deshalb meine Sichtweise war, hatte mich gegen diesen völkischen Darwinismus längst immunisiert. Überdies wußte ich, daß viele gefeierte und im Sinne des Faschismus ersprießliche Dichter oder Schriftsteller äußerst unbegabt waren, z. B. Hermann Burte oder H. Anacker. Und die Begabten andererseits waren »krank« und äußerst unersprießlich – Hölderlin, Novalis, oder Schiller.*

* Ich schätzte jedoch den beliebten Rudolf G. Binding und rechnete ihn den »Begabten« zu. Für seine Ersprießlichkeit fehlte mir damals der Sinn.

Außerhalb der Schule und meiner speziellen literarischen Interessen war mein Geschmack übrigens sehr breit. So liebte ich einen gefühlvollen Schmöker, »Das Herz ist wach«, von einem Anonymus mit dem Decknamen Kennicott, damals eine Art Bestseller für die Mittelschicht. An einen anderen Renner war ich schon als 14jähriger geraten, einen Familienroman der Holländerin Jo van Ammers-Küller. Die Autorin war mindestens eine Sympathisantin des Nationalsozialismus, wenn nicht mehr. Ihre »Frauen der Cornvelts« wurden von der *Reichsfrauenführerin* geschätzt und emp-

Merkwürdigerweise erinnere ich mich sonst nur eines – recht bescheidenen – Umstandes. Mich mit Farben auszudrücken, war mir angenehm, ich malte gern. Bei dem Thema »Haus und Umwelt« fiel mir ein Quader ein, in Weiß und Gelb, gebaut in braunen, welligen Sand unter tiefblauem Himmel; vor dem steinernen Rechteck ein olivgrüner Strauch. Der Lehrer konstatierte tadelnd ein »Haus in der Wüste«, von Angehörigen einer anderen Rasse bewohnt. Warum fehlte das nordische Dach, warum der germanische Baum? Hier war ich hilflos; diese ideologische Kontrolle unserer Phantasie beantwortete ich mit einem Wechsel der Ausdrucksmittel. Ich verlor die Lust an der Farbe, ich begann zu zeichnen, und zwar schlecht. Ich entzog mich dem Zugriff von Herrschaft, indem ich eine Fähigkeit und ein Bedürfnis preisgab, weil die Lage als zu ausweglos erschien.

Die Faschisierung der Schule riß mich von meinen Bedürfnissen und Erwartungen ab, ja von den inneren Erfahrungen des vergangenen Jahres. Ich verlor ein Stück der alterslos-kindlichen Reife, in den Stationen des Jahres 1937 erworben. Die neue Lage erschien ja nicht nur in der Schule aussichtslos. Auch im Internat wurde mir die Luft zum Atmen knapp. Es gab bei dissidenten Kindern und Heranwachsenden einen »Antifaschismus im Wildwuchs«, der in der Diktatur gerade deshalb eine perverse Blüte bürgerlich-durchschnittlicher Verhältnisse spürte, weil ihm die Begriffe fehlen, mit denen man beides trennt, und der sich daher nicht ohne Vernunft schon der vorpolitischen Regel und Ordnung verweigert hat. Meine enorme Unordnung hatte mich längst zum Objekt eines Privatkrieges gemacht, den unser Hauslehrer gegen mich ausfocht. Er und andere waren erregt, weil ich im Wort »Disziplin« keine praktikablen Anweisungen für mein Verhalten entdecken konnte. Der Vorwurf des moralischen Schwachsinns wurde geäußert, und in der Tat verstand ich nicht, was ich hätte tun sollen. Jetzt aber wuchs die Kontroll-

fohlen. Mir gefiel's auch. Ich las den Roman nicht anders als die Bücher von J. Galsworthy – wie es eben kam.

Wer das Nichtstun ebenso wie die Arbeit scheut, findet leicht zum Buch. Nur war die empfohlene NS-Literatur meist unlesbar, selbst unter für sie günstigen Umständen, wie z.B. W. v. Scholz, Hans Grimm oder G. Kolbenheyer.

kapazität auch mittlerer Instanzen, der Hausmeister und Primaner; das Netz von Verhaltenszwängen wurde dichter geknüpft. Meine Geschicklichkeit, Nischen aufzufinden, also zu verschwinden, mich zeitweise unsichtbar zu machen, fand einen kräftigen Gegner in der kriminellen Energie, mit der die Autoritäten versuchten, mich aufzustöbern. Und jede entdeckte – oder auch nur vermutete – Nichtteilnahme an kollektiven Pflichten begründete nun öffentliche Ächtung.

Die Ächtung kam überhaupt in Schwung. Für den Hauslehrer, SA-Scharführer und Romanist, begann seine große Zeit. Mit Vorliebe ließ er sich meine Schuhsohlen zeigen (im Spann geputzt oder nicht?), oder die Innenseite des Hemdkragens, wenn ich mit anderen auf einem der Höfe spielte. Der »Beanstandung« folgte meist eine Kontrolle des Wäscheschrankes im Ankleideraum; natürlich vor Zeugen. Mein Haar war ihm immer zu lang oder zu ungekämmt. Ich legte im stillen einen Schwur ab, nach Ende der Schulzeit nie wieder einen Friseur aufzusuchen.

Ich erinnere mich einer Vielzahl von kleinen, restriktiven Änderungen des Alltages im Internat. In meiner Erinnerung sind sie nicht affektbesetzt. Doch weiß ich noch heute, daß mir in den ersten Wochen des neuen Jahres nach jedem Gang in die Stadt der Rückweg ins Internat zur Qual geworden war. Und obwohl der wachsende soziale Druck natürlich von Personen ausging, erwies er sich zugleich als »entpersonalisiert«: sich gegen Hausmeister, Lehrer, Primaner aufzulehnen, brachte auch subjektiv keine Erleichterung mehr. Die soziale Kontrolle wurde universal, sie war ein Medium, keine Maßnahme mehr.

In den ersten Monaten des neuen Jahres schwanden auch aus dem HJ-Dienst Reste von Spontaneität, von Pfadfinderei. Der rebellische Gestus, vage wie er war, wurde uns ausgetrieben, die »Hohe Nacht der klaren Sterne«* stumpf. Kurz: Die Hitlerjugend wurde *verschult* und die Schule zum *Dienst.* Erzieherische Starre und Indoktrination (»Schulung«) nahmen Heimabend und Wochenendfahrt in Griff, ebenso wie der NS-Staat die Verkehrsformen in Schule und Internat.

* Anfang eines NS-Weihnachtsliedes

Die HJ begann sogar, die Schule zu respektieren – so wie die Schule die HJ zögernd zu imitieren begann. Die beiden großen Institutionen ließen sich nicht mehr gegeneinander ausspielen. So kann ich auf eine Formel bringen, was die »Gleichschaltung« von Schule, Internat und HJ für mich bedeutete: *Es gab keine Räume mehr, leer von Macht.* Und dieser vollkommene Bruch mit meiner inneren Erfahrung trat mit der Arroganz der Endgültigkeit auf.

Ich wußte ja nicht, wie kurzatmig eine Diktatur sein kann, die alles auf ›persönlichen Einsatz‹, Führung, Befehl und wenig auf Administration und Gesetzgebung stellt. Ich »begriff« die Veränderungen nicht – es gab Wirkungen, aber keine verstehbare Ursache, es gab soziale Prozesse, aber von der Anonymität eines Naturgeschehens.* Im März verschaffte mir ein hysterischer Zustand, mit teils erlogenen, teils wirklich empfundenen Schmerzen und paranoischen Tagträumen, Entlastung. Ich weinte, schrie, war schlaflos, hielt meinen Vater für tot und erdachte Geschichten für wahr – meine eigene Inszenierung überwältigte mich, sie war total wie der totalitäre Staat.

Sie war, wenn auch auf neurotische Weise, ein – bedenklicher – Triumph des Willens. Ohne daß jemand es ahnte, agierte ich »mimetisch«, d. h. im inneren Medium der feindlichen Gewalt; ich sprang vergewaltigend mit mir und mit der Realität um, wie der NS-Staat mit uns.

Als hätte es doch eine Ahnung vom teilaffirmativen Charakter dieser Krise gegeben, verhielt sich die Schule unerwartet freundlich. Für ein stark verlängertes Wochenende durfte ich zu meinem erschrockenen Vater reisen. Auf dem Weg zum Bahnhof, von meinem Freund Werner F. zum Zug begleitet – er hatte zu diesem Zweck schulfrei erhalten – empfand ich schon stillen Triumph. Wir kauften eine Zeitung und eine Tüte Bonbons, das Abteil war leer – wo war die Macht? Ich hatte sie weggeräumt. Als ich zurückkam, löste sich das erdrückende Klima in Schule, HJ und Internat für mich sehr bald in einzelne identifizierbare *facts* auf. Mit benennbaren, d. h. aber auch: mit abgrenzbaren Tatsachen, kann man zurechtkommen.

* vgl. aber S. 67 ff.

Ja, in einem nicht einmal sehr mühseligen Stabilisierungsprozeß begann ich zu ahnen, wie gut ich schon für das permanente Übel gerüstet war – die Osterreise, von der ich anschließend berichte, mag als Beleg dafür gelten.

Freilich: Was heißt das, in einer Diktatur für das Übel »gut gerüstet« zu sein?

Die Autobahn

> »Unserem nationalsozialistischen Wesen entspricht die neue Straße Adolf Hitlers, die Autobahn. Wir wollen unser Ziel weit vor uns sehen, wir wollen gerade und zügig dem Ziel zustreben; Durchkreuzungen überwinden wir, unnötige Bindungen sind uns fremd. Ausweichen wollen wir nicht, wir schaffen uns genügend Bahn zum Vorwärtskommen und wir brauchen eine Bahn, die uns gestattet, ein uns passendes Tempo einzuhalten.
> So bauen wir im Dritten Reich die Straßen, so erziehen wir die Menschen, so errichten wir das ganze nationalsozialistische Reich.«
>
> (Fritz Todt am 27. 9. 1933)

Ostern 1938 verbrachte ich wieder in Dresden, ich war mit meinem Vater für die Feiertage verabredet.

Das Verkehrsmittel für den Massenverkehr war die Eisenbahn, die Karte vom Schulort zum Wohnort der Eltern kostete die Hälfte. Ich war, wie Jungen in meinem Alter häufig, abgeneigt, Geld für nützliche Zwecke auszugeben. Warum war ich auf der Welt? Jedenfalls nicht, um das dafür Nötige von den wenigen Münzen zu zahlen, die ich in der Tasche herumtrug.

Weit draußen, am Rande der Stadt, in der Nähe einer großen Brauerei, war Jahrmarkt. Am späten Vormittag öffnete die erste Bude: ein Bratwurststand, Läden mit gebrannten Mandeln und türkischem Honig, ein von farbigen Lämpchen verziertes Glücksrad mit großem Preis. Vom

Karussell nahmen Männer das Segeltuch ab. In den Klang einer ersten Drehorgel mischte sich das Stottern des noch kalten Motors. So lösten sich Alltag und Fest, Arbeit und »Rummel« langsam voneinander. Mein Fahrgeld hätte mir einen solchen späten Vormittag erschlossen: den geheimen Sympathiezauber der Erwartung. Und es war der erste Ferientag; ich hatte keinen Unterricht mehr. Wann war um diese Tageszeit schon jemals schulfrei? Am Sonntag natürlich, aber was ist der Sonntag in einer kleinen Stadt?

An der Brauerei, in der Nähe des Rummelplatzes, führte die Reichsstraße 179 vorbei, ein Zubringer zur Autobahn Chemnitz–Dresden. Aus Erzählungen meines Vaters wußte ich, daß meine Cousine in den USA vom College nach Bridgeport, Connecticut, dem Wohnort ihrer Eltern, per Anhalter fuhr – mein Vater nannte es »hitchhiking«. Mußte das nicht auch mein Problem des späten Vormittags und der Münzen lösen?

Das erste Fahrzeug, das mich mitnahm, war ein kleiner Lieferwagen, der schon bald wieder von der Autobahn abbog. In der Mittagszeit stand ich lange in Sonne und Wind, denn der Verkehr war spärlich. Erst gegen Abend brachte mich ein schneller Wagen bis Dresden. Zu meiner Enttäuschung hielt er in Dresden-Neustadt schon an, also im Stadtteil rechts von der Elbe; ich war aber ein Altstadtkind (und nur das waren wirklich Dresdner). Der Weg bis zu unserer Wohnung, unweit vom Hauptbahnhof, war lang: ich hatte nicht mehr genügend Groschen für die Straßenbahn.

Die Sache kam heraus, ich weiß nicht mehr, wie. Anscheinend war ich der erste Schüler, der jemals auf einer Autobahnteilstrecke trampte, wenn nicht in Sachsen sogar der erste Mensch; das Aufsehen, das diese heute so selbstverständliche Form des Reisens erregt hat, legt eine solche Hypothese nahe. Es gab massive Interventionen von Schule und Internat. Mein Vater wurde brieflich vom Rektor der Schule um einen Besuch gebeten, nach damaligem Brauch eine höfliche »Ultima ratio« – die Lage war somit ernst.

Nun war es mir schwer gefallen, ins Internat zurückzukehren, ehe ich noch wissen konnte, was mich da erwartete. Im »Medium der Kontrolle« wird die Luft zum Atmen knapp; die bald ausbrechende Auseinandersetzung über das Trampen hätte mich eigentlich im Zustand der Lähmung, oder doch der Schwäche, treffen müssen.

Aber zu meinem eigenen Erstaunen machte ich eine Entdeckung über das Phänomen des »Umschlags«: In den ungenauen, schwer definierbaren Leiden der Rückkehr ins Internat bedeutete der aktuelle Krach eine Art von Kristallisation, es entstand eine umschriebene »Lage«, was immer erleichtert, und auch die (Über-)Reaktion meiner Mitschüler hatte mit einem Male einen motivierenden Effekt. Es war sozusagen zu viel, nun auch noch eines unschuldigen Anlasses wegen vor einer Art von Tribunal zu stehen, und ich entdeckte in mir ein großes Reservoir an Angriffslust – und an Hohn.

Meine Mitschüler nämlich mieden mich pointiert. Sie wußten sofort, daß ich in irgendetwas verwickelt war. Es war diese Berührungsfurcht der anderen, die mir Selbstbewußtsein gab. Das ist nur wenig paradox. Selbstbewußtsein ist ein Prozeß, der sich zu hohen Anteilen »draußen« abspielt, d. h. zwischen Menschen; er könnte fast ebensogut als wachsende Einsicht in eine vorher verdeckte und verworrene Struktur sozialer Beziehungen bezeichnet werden wie als »Selbst«-bewußtsein. Schließlich war ich weitgehend isoliert, das hatten tägliche Verrichtungen, der Krieg zwischen mir und anderen, und auch das eigene Bedürfnis, mitzutun, nur verstellt.

Nun wurde es sichtbar. Daß viele Mitschüler mich mieden, weil ich Gegenstand einer obrigkeitlichen Untersuchung geworden war (obwohl der Anlaß dazu, das Trampen, gewiß nichts Schmachvolles hatte), lag an der »Stimmung« des schwarzen Frühjahrs; an der Penetranz, mit der sich – vorübergehend – eine bestimmte Klasse von Voodoo-Worten durchzusetzen begann. »Faschisierung« bedeutete auch, daß jetzt Bezeichnungen wie *Kameradschaft, unkameradschaftlich, gemeinschaftsfremd* usw. im alltäglichen Verkehr unsere privaten Beziehungen – im Guten wie im Bösen – entprivatisieren, objektivieren, »politisieren« sollten. Wer Objekt einer Untersuchung wurde, hatte damit irgendwie gegen den »Gemeinschaftsgeist« verstoßen, war »unkameradschaftlich« (als wäre etwas von seiner Sünde auf seine peer-group oder Klasse gekommen), und das mag den einen als ehrenrührig, den anderen als gefährlich erschienen sein. Kurz: man ließ mich, positiv interpretiert, mit einem Male in Ruhe.

Diese Strukturierung der sozialen Lage entlastete mich psychisch. Und gerade wenn, wie in meinem Fall, der Stolz auf eine erbrachte Leistung (»hitchhiking«) als Kristallisationskern für die »innere« Seite des Selbstbewußtseins dient, wird Angst von der Einsicht rasch aufgezehrt; der Prozeß der Einsicht in eine gegebene Situation kann ungestörter fortschreiten. Wenn die Angst vor der Isolierung schwindet, d. h. das »Abseits« wieder als sicherer Ort akzeptiert wird, lernt man rasch. Ich sah mit einem Male auch die Position des Rektors unkindlich klar, das Numinose, das über dem strengen, grauhaarigen Vater und Gelehrten lag, wich – und seine Position zeigte sich als schwach. Mit Lehrerkonferenz und Ladung des Vaters hatte er sich weit vorgewagt, aber gegen welche Bestimmungen, Regeln, Gesetze hatte ich denn mit meiner Trampfahrt verstoßen? Ich verlangte Begründungen, und, wie erwartet, der Rektor fand keine. Das lag zum Teil an seiner verkehrten Strategie. Für den universalen Verdacht mußte irgendetwas hinter dem Trampen stecken. Mein Motiv, das ich gar nicht verschwieg, war in hohem Maße unglaubhaft – jeder Lehrer »weiß«, daß es pubertierende Jugendliche *abends* auf den Rummelplatz zieht, vormittags ist dort nichts los.

Die Untersuchung des Vorfalls blieb jedoch ohne Ertrag, anscheinend steckte nichts dahinter; das »hitchhiking« selbst blieb also das Delikt. War es denn eines? Es gab im Erfahrungsbestand der Schule keinen Präzedenzfall dafür, und die Anwendung von Generalklauseln half nicht weiter. Jeder Schüler hatte sich auch außerhalb der Schulzeit ordentlich zu führen – wieso sollte Trampen schlechte Führung sein? Er hatte Anordnungen Folge zu leisten – gab es eine, die das Trampen verbot? Vielleicht ein Verstoß gegen Regeln des Straßenverkehrs? Aber das wäre kein Anlaß zur Lehrerkonferenz gewesen, geschweige denn für die Ladung des Vaters.

Aber ich hatte ein starkes Argument, in den Tagen wachsenden Selbstgefühls triumphierend ausgedacht. Die Motorisierung Deutschlands war auf dem Vormarsch, vom

»Führer« selbst inauguriert; nicht anders als in den USA, schon seit Jahrzehnten das Land der Autos, waren auch bei uns Veränderungen im Umgang mit Kraftfahrzeug und Straße zu erwarten, neue Sitten, andere Gebräuche. So bezeichnete ich mein Verhalten als »vorausschauenden Gehorsam« – wer weiß, wo ich diese alte jesuitische Formel gehört und warum ich sie im Gedächtnis behalten hatte.

Der Rektor und der Hauslehrer traten schließlich in der Sache einen vollständigen Rückzug an; meinem Vater wurde die Reise erspart. Ich buchte diesen Ausgang natürlich als Erfolg, und Erfolg befreit von »unnötigen Bindungen« (Fritz Todt).

Also fuhren mein Freund Werner F. und ich im darauffolgenden Sommer mit dem Rad nicht nur von Zwickau nach Dresden, sondern durch halb Deutschland – die großen Flüsse entlang: Main, Rhein, Lahn, die Elbe. Von welcher ›unnötigen Bindung‹ hatte ich mich da befreit? Es gab inzwischen eine Bestimmung, die während des Sommers die schriftliche Genehmigung der HJ für private Ferienreisen Jugendlicher vorschrieb; man erhielt sie nur, wenn man am Sommerlager der HJ teilgenommen hatte oder von der Teilnahme offiziell befreit war.*

Und es gab seit kurzem polizeiartige Streifen der HJ, eine Neuerung, von den SS-Stäben veranlaßt, bei denen Jugendliche sich ausweisen mußten. Es war nicht ratsam, längere private Reisen ohne die offizielle Genehmigung anzutreten.

Nun besaßen wir eine solche Bescheinigung, aber sie war gefälscht. Das Formular und den Dienststempel der Zwickauer HJ-Behörde hatten wir uns beschafft, Werner F. fand über einen Freund Zugang zum zentralen Büro. Wir waren trotzdem vor Streifen auf der Hut. Es dauerte noch einmal sechs Jahre, ehe ich gelernt hatte, im Notfall mit gefälschten Papieren wie selbstverständlich umzugehen.

* Die Bestimmung wurde nicht in allen »Gauen« strikt durchgeführt.

Was bedeutet es noch, für ein permanentes Übel »gut gerüstet« zu sein? Daß es *uns rüstet* – auf seine zweideutige Weise.

Ich knüpfe noch einmal an den »Dienst« in der Jugendorganisation an, diesen Fetisch des NS-Staates. Der spontanen Auslegung des Dienstes als Pfadfinderei, als Abenteuer, als Protest, sogar als Revolte wurde 1938 sehr rasch ein Ende gemacht. Einer Auslegung, die immer ihre Grenzen gehabt hat, die zu praktizieren mir aber leicht fiel; übrigens auch eine »Umwegleistung«, weil ich das vom Mitglied der Organisation geforderte Engagement zugleich erbrachte *und* in einem unpolitischen – oder gar politisch nicht mehr erwünschten, weil antiautoritären oder bloß naturschwärmerischen – Bereich festhielt.

Dieses Spiel setzte allerdings ein Maß an Motivation voraus, das von den Jugendführern als Zustimmung gewertet und verwertet werden konnte; es ist wohl auch ohne die Lust, irgendwie mitzutun, kaum zu denken.* Zustimmung löst Zuwendung aus, das ist unentrinnbar, und gerade HJ-Führer wendeten sich jemandem zu, indem sie mit ihrer Motivation an der seinen teilnahmen. Sie erwarteten von ihrem Untergebenen dann Leistungen: ideologische, paramilitärische, »gemeinschaftsbezogene«, und so lenkte meine pfadfinderhafte Zustimmung gerade solche Elemente des Dienstes auf mich, denen sie mich entziehen sollte.

Es blieb nichts übrig, als schleunigst nachzulassen, unscheinbar zu werden, die Führer zu enttäuschen. Ich »hielt nicht durch«, wie es hieß, wurde erneut das wenig angesehene Mitglied, litt darunter und atmete gleichzeitig auf, blickte – nach einer Phase betretenen Verstummens und vom Druck der Zumutungen erholt – schon frischer in die Welt und begann, wenn auch für eine Weile mit halber Energie, den nächsten Umlauf des Spiels.

* Diese Lust drückt nur den Umstand aus, daß gerade ein neugieriges Kind ein soziales Wesen ist, so sehr es andererseits das Alleinsein schätzt. Wenn eine universale Organisation für die Heranwachsenden besteht, wird es in ihr periodisch gefangen.

Es war ein Verwirrspiel auch für mich selbst. Von seinen problematischen Kreisläufen entlastete mich im Laufe des Jahres die Konvergenz zweier Entwicklungen: Ich wurde ja älter, was den Typus der Zumutungen verändert, die eine Organisation an ihre Mitglieder stellt, und dann gab es die »Verschulung« der HJ. Der Dienstbetrieb wurde aus beiden Gründen rigide und einförmig, die Pflichtenkontrolle streng. Ich könnte von »Formalisierung« sprechen, und die hat ihre eigene Paradoxie. Die Teilnahme des einzelnen (und älter Gewordenen) am Dienst wurde zwar lückenloser, aber zugleich schematisch vollziehbar: die innere Teilnahme wurde überflüssig. Da mit der wachsenden Kritik aller bloß subjektiven, spielerischen, hedonistischen Einfälle auch die Lust mitzutun abnahm, wurde der Aufbau einer *Fassade* erleichtert – sogar erzwungen; der universale Anspruch der Organisation auf das Mitglied blieb ja erhalten. So schafft sich die Diktatur, wenn sie mit der »Erziehung« ernst macht, ihre eigene Kulturheuchelei.*

Was ich als »Faschisierung« von Schule und Internat bezeichne, war in erster Linie ein Wandel in den Formen des sozialen Verkehrs und in der Verteilung der Gewalt. Die Kontrolle des Verhaltens, damit das Sichtbare, wurde überwertig. (Natürlich auch die der äußeren Erscheinung; unzulänglich von der bürgerlichen These getarnt, ein geordnetes Äußeres biete allemal Gewähr für die Ordnung des inneren Menschen.)

Was zählte, war letztlich nur der Erfolg, auch nicht mehr die Anstrengung, die er kostet; nur die Leistung zählte, nicht das Interesse. Gute Absichten, hieß es, seien billig, ein Wert nur ihr sichtbares Resultat. Obwohl der Form nach als Moral verkleidet, lag darin das Ende jeder Moral, denn mit der Bedeutung der »guten Absicht« schwand die Bedeutung der Absichten überhaupt, also des Beweggrunds, des individuellen Motivs. Wenigstens in der künstlichen Welt der Heranwachsenden sollte es so zugehen.

Kurz: das Milieu abstrahierte von meinen Bedürfnissen,

* Auch Funktionäre (»Führer«) blieben von ihr nicht verschont. Ich habe später welche erlebt, mit denen man »antiautoritäre Geheimnisse« haben konnte.

Triebfedern, Erwartungen, es kehrte mir – in Schule und Dienstbetrieb – nur noch seine fremde, entfremdete Seite zu. Ich könnte auch sagen: es objektivierte sich. Was ich an Bereitschaft zur kindlichen Identifikation mit einzelnen Elementen des Nationalsozialismus gehabt haben mochte, oder an Lust, mich in der Schule heimisch zu fühlen, erlosch, verringerte sich wenigstens auf ein Kleinstes, und suchte nach einem neuen Objekt. Die Faschisierung des sozialen Milieus zerstörte für mich die verbliebenen Reste jener Unmittelbarkeit und Naivität, mit der Kinder fast jede Umwelt, auch die schlechteste, als die ihre erleben.

An dieser Naivität hatte uns andererseits gerade die abgeschlossene Sonderwelt des Internats lange festgehalten. Pointiert: in gewisser Weise waren Internat, Schule und – in weit geringerem Ausmaß – die Jugendorganisation eine Heimat gewesen, die ich verabscheute, aber eben doch eine Heimat. Die Form meiner »natürlichen« Einbindung in sie war der permanente Konflikt. Erst 1938 wurde die Grenze zwischen *privat* und *öffentlich*, zwischen Subjekt und Dienst oder Schule präzisiert. Schüler, HJ-Mitglied, Internatszögling, »Ich« zu sein, das wurden jetzt »Rollen«.

Insofern drückt die Konstruktion von Verhaltens-Fassaden – in Schule und HJ – nur die Realität der Distanz von Gesellschaft und »Ich« aus, die der Druck der Verhältnisse dem Heranwachsenden aufzwang.

Es geht eben ein Riß durch die Welt, »Heimat« gibt es noch nicht. Vielleicht war dieser in unseren Kulturen unvermeidbare Entwicklungsschritt sogar eine Quelle meiner Angst im »schwarzen Frühjahr«. Ich wurde ja von der alterslosen Reife der Aneignung in der dresdener Einsamkeit zweifach losgerissen – als Internatsschüler und als Objekt der Faschisierung.

Ich nannte diesen Entwicklungsschritt eben unvermeidbar; er ist auch unentbehrlich, nicht zuletzt als Entwicklungsbedingung für eine politische Opposition. Schon der Entschluß zur Fälschung der HJ-Papiere setzte diesen Schritt voraus. Gleichwohl hat er seine bedenkliche Seite; wie ja überhaupt »Reife« etwas Zweideutiges bleibt, solange Repression noch zum Herzstück der Kultur gehört.

Lange genug führte die erfahrene Distanz von »Ich« und

»Welt« – über eine Phase der pubertären Einsamkeit und des Protests – bloß zur Identifikation der Heranwachsenden mit den Normen und Standards der Erwachsenen. Anpassung an diese setzte den Bruch mit der Kindheit voraus. Vor dieser Konsequenz, die ziemlich alltäglich ist, war ich behütet: vielleicht weil der Alltag im NS-Staat mit der in der Kindheit erworbenen Lebensgesinnung zu unvereinbar war, als daß ich je ganz »erwachsen« hätte werden können.*

Im Jahre 1938 lagen in diesem Reifungsprozeß gefährliche Fallen. Die von der Faschisierung erzwungene Konstruktion von Verhaltensfassaden verringerte natürlich die Reibungsflächen zwischen dem dissidenten Einzelnen und der Institution. Wenn *sie* das Sichtbare überbewertet, im äußerlich registrierbaren »Erfolg« den Beweis für die rechte Gesinnung sieht, ist es nicht allzuschwer, ihr wenigstens da und dort Genüge zu tun – ein Stück Gehorsam ist jetzt kein Selbstverrat mehr, man lernt ja, aus einiger Distanz so tun, als ob. Bleibt nicht der »innere« Widerstand von solchen Fassaden ganz unberührt? Das hieße, das Unsichtbare überzubewerten. Mit dem Schwinden der öffentlichen Konflikte beginnt immer irgendeine Affirmation.

In meinem Falle war sie durch Unordnung und Disziplinlosigkeit gemildert.** Dennoch schlüpfte sie in die »Suche nach einem neuen Objekt«: nach dem seinen Rollen und Zwängen vielleicht transzendenten Ich, und also auch in die Versuchung, die von der nun neu erfahrbaren »inneren« Freiheit ausging, sich mit ihr, die so viel reicher war als die Realität, zu begnügen.

Jugend ist ungleichzeitig. Ich wurde im Mai 1938 sechzehn Jahre alt, die soziale Reife, von der ich gerade sprach, kam spät. Doch als bewußtes Leben war ich früh.

Wenn ich mit einem neuen (und älteren) Freund Hebbel oder Nietzsche las, waren wir dem status quo weit genug voraus, um sehr nahe an der inneren Emigration zu sein, d. h. an der Gefahr, uns mit Innerlichkeit, Literatur, Reflexion

* Die Differenz zum (nichtgeschichtsfähigen) Alltag der heutigen bürgerlichen Gesellschaft ist aus der Sicht eines Kindes geringer, als die Demokratie annimmt.

** Vgl. S. 43

zu bescheiden, – ein in Deutschland endemischer, von Traditionen gut vorbereiteter Ausweg. Schule und Internat sahen uns in der Phase ihrer Faschisierung auf dem Weg in eine Bildungsgeschichte, der fürs erste unangefochten begehbar war, solange wir nur »dem Kaiser gaben, was des Kaisers ist« – und sei es als Verhaltensfassade. Vielleicht sollte mich der schmale literarische Ruhm nach der ersten schriftstellerischen Produktion auf diesem Weg ermutigen.

Auf einsamen Spazierwegen träumte ich davon, Buddhist und Mönch zu werden. Als wir uns 1938 zu Beginn des neuen Schuljahres entscheiden mußten, ob wir weiter am Religionsunterricht teilnehmen wollten oder nicht, entschied ich mich ohne Zögern dafür. Das war zwar ein bewußt getroffener und auch aufrührerisch gemeinter Akt, doch daß er mit dem des »Rückzugs nach innen« eine lange, gemeinsame Strecke haben mochte, war mir nicht bewußt. Ich sah keine besonderen Beziehungen zum Traum, ein Mönch zu sein, noch zu dem »hilflosen Antifaschismus« des Rückzugs auf Bildung, auf *Geist*. Der Riß, der durch die Welt geht, läuft eben auch durchs Ich.

Ich lernte allerdings bald an der Person unseres Religionslehrers. Der war zugleich ein Antinazi und ein »Stiller im Land« – also das, was ich vielleicht auch hätte werden können. Ein hochgebildeter Mann, Anthroposoph, eigentlich Musikerzieher an unserer Schule, der den Religionsunterricht nur übernahm, weil sich kein Fachlehrer dafür fand.

Wie mein Vater besaß er viele zerlesene Bände der englischen *Tauchnitz edition*, und sie vor den Schülern nicht zu verbergen, war eines der Anzeichen, an denen wir Erwachsene als »Nichtnazis« zu erkennen meinten. Ich verstand bald, daß man nicht einmal den Goetheschen »Faust« verstehen konnte ohne Kenntnis des Christentums, fühlte mich in meiner Abwehr gegen die Hitlersche »Vorsehung« bestärkt, deren banaler Atheismus ein feineres Stilempfinden beleidigte, und zog mich, vielleicht aufgrund des gleichen Stilgefühls, doch bald von der Person des Lehrers zurück. Er war ein begabter Geigenspieler, mit all der emotionalen Naivität, ja Dummheit, die Musiker haben können, die sie zwar vor Korrumpierung schützt, aber auch wandfest gegen neue Erfahrungen macht.

Überhaupt blieb der »Weg in die Bildungsgeschichte« nur fürs erste unangefochten; es gab genügend Schul- und Internatspersonal, das in ihm ein unerwünschtes Verhalten sah, weil ja der Prozeß der Bildung mit seinem hohen sprachlichen Anteil, wenn er der schulischen Kontrolle entläuft, immer ein subversives Potential enthält. So blieb selbst dem »Geist« von außen und oben ein geringes Maß an sozialem Konflikt immer gesichert. Von innen allemal: Lektüre, Gott und Gespräch blieben für mich in der Tat Mittel der Subversion.

Das hat mich vor Affirmationen nicht bewahrt. Obwohl mit einem Instinkt selbst für Masken des öffentlichen Zwanges begabt und seit dem Abenteuer der Konfirmation für das Unechte sensibilisiert, unterlag ich ihr an unerwarteter Stelle.* Und trotzdem überschritt ich 1938 die Reste des kindlichen Weltverhältnisses nicht, um mich auf Dauer in einem ähnlich jenseitigen zu verfangen.

Die Ferientage Weihnachten 1937 waren ein frühes, vorweggenommenes erstes Beispiel dafür; in ihnen war ich dem Faschismus wie der »inneren Emigration« schon entronnen.

*Über das »Heranzüchten kerngesunder Körper«***

Während ich dem Nationalsozialismus also entronnen, ihm lange voraus war, holte er mich an einer unerwarteten Stelle ein. In Turnen und Sport: ein Fach, in das die ideologischen Zumutungen des NS-Staats und die Rhetorik seines Führers besonders leicht eingingen. Hitler sprach von der »trotzigen Verkörperung männlicher Kraft« als neuem Menschheitsideal; die Turnlehrer profitierten davon. Vor der »Machtübernahme« fast nichts, wähnten sie nach dem 30. Januar 1933 etwas zu sein, und rührten sich gegenüber den Lehrern der wissenschaftlichen Fächer, von denen viele auf den

* Ich berichte darüber im folgenden 4. Abschnitt.
** Pädagogische Maxime der NSDAP

Turnlehrer herabsahen. Ich erinnere mich an einen von ihnen in Dresden, SA-Mann und Parteigenosse, der in seinen sexuellen Anspielungen den gymnasialen Stil verletzte; aus irgendeinem Grunde erteilte er neben Turnen und Sport auch Erdkunde-Unterricht, ein gleichfalls wenig angesehenes Fach, und die Oberfläche der Erde gab ihm zu Späßen Anlaß. Über den Namen ›Mädelegabel‹ für einen Schweizer Berg konnte er sich kaum beruhigen.

Er war dadurch für viele Sextaner ein großer Mann, aber für mich bot sich keine Chance, rebellisch mitzutun. Obwohl ich auf Straße und Spielplatz mit Begeisterung atemlos war, fürchtete ich körperliche Anstrengung in Reih' und Glied. Bei der Jagd durch Hinterhöfe und Gärten war mir zwar manche Mauer zu hoch, aber nur im Turnunterricht war ich unfähig, oft feig. Auch der Sport, selbst das Ballspiel – obwohl doch von der Straße vertraut – langweilte oder erschreckte mich. Das galt als ein Defizit: Wie einst bei den Pfadfindern handelte ich mir den – nun offen ausgesprochenen – Tadel ein, ich sei kein »richtiger deutscher Junge«.

War es ein Defizit? Einige Erfahrungen habe ich in der Tat bis heute nie gemacht. Es gibt, heißt es, eine Lust an der Körperleistung bis hin zum »Laufen gegen die Uhr«, die mir fremd geblieben ist, und das Mannschaftsspiel mag wirklich ein Gemeinschaftserlebnis sein, das nicht nur unseren Spott und unser Mißtrauen verdient. Anders das *Fach* Turnen und Sport. Es ist kein Zufall, daß die Olympiade 1936 für dieses Fach keine besonderen, für die Schüler spürbaren Folgen hatte, sehr wohl aber der Ausbruch des Imperialismus zwei Jahre danach.

Auch hier war der üble Anfang der Anfang eines Übels. Als Werner F. und ich nach den Sommerferien von der großen Radtour ins Internat zurückkehrten, stolz und gebräunt, hatte sich die Hausordnung erneut gestrafft. Überraschend, weil sich die »Faschisierung« des Frühjahrs in den Monaten des Sommers gelockert, ihre Härte schon verloren hatte – an die bleibende Verschlechterung des Klimas hatte man sich inzwischen gewöhnt; aber auch, weil die neue Welle der Restriktion an einem sehr wenig oppositionsverdächtigen Gelände ansetzte.

Die große Turnhalle der Schule mit ihren Nebenräumen

und verschiedenes Sportgerät (wie die Matte zum Bodenturnen oder die Kletterwand) waren den Internatsschülern in der Freizeit oft zugänglich gewesen; vielleicht mehr unter der Hand, gewohnheitsrechtlich, als mit nachdrücklicher Erlaubnis dazu. Damit war jetzt Schluß: die Räume blieben versperrt. Einige der älteren Schüler meinten, es handele sich um die Konsequenz versicherungsrechtlicher Erwägungen. Auf dem Internatsgelände mit schuleigenem Ball zu spielen, blieb zwar gestattet, aber der Hauslehrer mischte sich mit Trainingskonzepten für Hand- und Fußball ein und verlangte verschiedene Formen von »Aufsicht«. Auch ein Versicherungsproblem? Daß die Spieler nicht mehr sich selbst überlassen blieben, erklärten sich die Fußballbegeisterten mit dem schulischen Streben nach wettbewerbsfähiger Leistung.

Ähnlich lauteten auch die amtlichen Begründungen. Aber ich wußte aus Erfahrung, daß die Schule log – wie jede Erziehungseinrichtung, ja jede Institution lügt, zu deren Prinzipien es zählt, aus den eigenen Motiven ein Geheimnis zu machen. War es der Schule mit Turnen und Sport wirklich auf neue Weise ernst? Vielleicht; wahrscheinlich aber nicht. Was mich beklommen machte, war weniger die Sache selbst, als der Umstand, daß jetzt ein »rechtsfreier Raum« entfiel, und daß ein Moment des Spiels, der unkontrollierten Tätigkeit verschwand.

Es war der Logiker in mir, der böse Ahnungen hatte. Turnen war in meiner Schulzeit immer Herrschaftsinstrument gewesen, Teilnahme und Leistung also eine Frage der Moral und der Loyalität. Aber weder hatte sich die spielerische Funktionslust ganz verdrängen noch die Lässigkeit beherrschen lassen, die sich im Schulalltag unter der Hand entlastend herstellt. Ich hatte von ihr profitiert. Daß diese Lässigkeit erst einmal nicht bleiben würde, war vorauszusehen. Es lag »etwas in der Luft«, man konnte es riechen; ich wußte nicht, was es war, aber es machte mir Angst.

Es war eine »neue Direktive« für Turnen und Sport. Im Frühjahr 1938 waren die ersten NS-Unterrichtspläne für die Höheren Schulen erschienen (für die Volksschulen schon ein Jahr zuvor): sie ordneten an, daß die geistige und die körperliche Erziehung der Jugend künftig als gleichrangig zu gelten habe – in der Terminologie »jugendbewegter« Lehrer: für Stubenhocker war kein Platz mehr im deutschen Staat. Borniert und franzosenfeindlich wie ihr Heros, der Turnvater Jahn (Turner sind »frisch, fröhlich, fromm und frei«), verharmlosten sie damit die herrschende Tendenz: Es war Intellektualität, »westliche« Rationalität, die roh ausgetrieben werden sollte.*

Unsere Schule, die vom »westlichen Ungeist« nicht frei war, mußte Turnen und Sport aufwerten, ob sie es wollte oder nicht, und sie begann ihre Reform mit Repression. Mehr fiel ihr nicht ein.

Das verlogene Etikett, mit dem die staatliche Direktive schulisch versehen wurde, ist wahrscheinlich noch heute im Schwang: *mens sana in corpore sano.* Der »gesunde Körper« im NS-Staat und die leeren Köpfe unserer Turnpädagogen waren allerdings Behältnisse von Borniertheit und Desexualisierung. Die Folgen des neuen Bildungsplans waren danach. Daß Turnhalle und Sportgerät unzugänglich wurden, war nur der »üble Anfang«, vielleicht ein ad-hoc-Einfall, ein »Sofort . . .«, während der Umerziehungsprozeß, auch der der Lehrer, erst anlief. Bald wurde jede schwache Leistung an Barren und Reck politisiert, d. h. sie geriet in die Nähe von Charakterschwäche. Geringe Neigung zum Sport hatte bisher nur einzelnen Lehrern wie Schülern als Mangel an Gesinnung gegolten, jetzt wurde das herrschende Auffassung, und nur *Gesinnung* war »deutsch«.

Die Turnstunde war freilich bloß ein »Teil«, es ging in der Erziehung, wie in Philosophie und Staat, ums Ganze. Dieses mythische Ganze war keines, das sich von allein herstellen konnte, es wurde mit Erregung gemacht.

* Ein Ordinarius für Psychologie, E. R. *Jaensch*, beschrieb 1941 den »Gegentypus« (des deutschen Menschen und Volks) u. a. als eine Emanation cartesianischer Rationalität und ästhetischer Sensibilität. Das Wort von der »Intellektuaille«, aus *Canaille* abgeleitet, geht auf J. Goebbels zurück. Kurz: der Intellektuelle namentlich französischer (»westlicher«) Provenienz war wenig besser als »der Jude« – wenn er nicht überhaupt einer war.
Was aber war für E. R. Jaensch »deutsch« – in einem Staat, der noch der Techniker, Organisatoren etc. bedurfte? Die Kombination von Rationalität und *Sport*, legiert mit Gefühlsscheu und »inneren« Werten. Eine hohe Intelligenz, deren Träger sich mit Kernseife wäscht.

Wenige Wochen später bemerkten wir, daß die ärztliche Befreiung vom Turnen erschwert worden war; daß Schüler aus Krankheit Vorteile zogen, vertrug sich nicht mit dem Gestus der Zeit. Ein partikulares Moment, unerfreulich genug: Wer von den Internatsschülern nicht gerade mit Fieber im Bett lag, dem wurde, auch wenn ärztlich »befreit«, die bloße passive Anwesenheit in der Turnstunde zur Pflicht gemacht. Unsere Turnlehrer fühlten sich zwangsläufig als zweite ärztliche Instanz: »Willst Du es denn nicht wenigstens einmal versuchen?« Da wurde also ärztliche Kompetenz an den Lehrer überschrieben; es gab eine unabhängige Instanz weniger, an die man notfalls appellieren konnte, den Arzt.* Diese gesteigerte – partikulare – Kontrolle im Turnen verallgemeinerte sich in der Art eines universalen Verdachts gegen annähernd jede Form von Einsamkeit oder Zurückgezogenheit. Die Nutzung der Klavierübungsräume wurde strenger überprüft, in ihrer Abgeschiedenheit zu träumen, also erschwert. Wenn ich mit einem Buch im »Pavillon« saß, ein freundliches, kleines Gebäude im Internatsgarten, war mit Störung durch inquisitorische Fragen zu rechnen (etwa: »Hast Du Deine Aufgaben schon gemacht?«, »Ist Dein Schrank aufgeräumt?«). Das Schwinden eines rechtsfreien Raums setzte sich in der Vergitterung von Fluchtwegen und im Abbau relativ unabhängiger Instanzen fort; das »Ganze« als Unterdrückungszusammenhang.

Bildungsreformen wie die des Jahres 1938 produzieren bei Minderheiten die Tendenz, »aus dem Felde zu gehen«. Sie werden daher durch staatliche Maßnahmen ergänzt, die jede Abweichung verteuern. So wurden die geltenden Voraussetzungen für die Zulassung zur höheren Schule (und zur Reifeprüfung) um eine vermehrt: die »körperliche Eignung«. Davon hatten wir zwar schon gehört, aber solange es nur in den Zeitungen stand, berührte es uns in der geschlossenen Gesellschaft des Internats wenig. Das änderte sich nach den Herbstferien. Die Schulleitung informierte uns über einen Erlaß, nach dem die Leistung im Fach Turnen für die

* Der Schularzt sollte uns übrigens im Krankheitsfalle, wenn irgend vertretbar, nur von der Teilnahme an bestimmten Übungen und Sportarten entlasten.

Versetzung in die nächsthöhere Klasse künftig genau so zählen würde wie die Note in den wissenschaftlichen Fächern. Wenn das stimmte, konnte ich nicht versetzt werden. Weil ich aber als »Sitzenbleiber« die staatliche Beihilfe zu den Internatskosten verloren hätte, stand viel mehr auf dem Spiel. Und es drohte sogar mehr als eine Entlassung aus Schule und Internat aufgrund der wirtschaftlichen Konsequenzen, die der Beihilfeverlust für mich (d. h. für meinen Vater) gehabt hätte; ich glaubte, mit einem Male zu verstehen, was die erwähnte Zeitungsnachricht angekündigt hatte – der körperlich Untaugliche wird ausgespieen.

Wo sollte ich hin? Gewiß, die Schule war nicht der glückliche Ort geworden, der sie in meinen Erwartungen hätte werden können, und trotz der Milderung unserer Lebensverhältnisse nach dem schwarzen Frühjahr lebte ich im Feindesland. Aber ich lebte immerhin in einem Land – außerhalb von Schule und Internat wäre ich ortlos gewesen, nichts.

Selbst wenn ich gewußt hätte, daß der Qualifikationsbedarf in technisch hochentwickelten Ländern solche Analphabetisierungen nicht zuläßt, die Schule auch in der Diktatur *Schule* bleibt, eine Lern-, keine Turnanstalt, wäre der Schock dieser Mitteilung für mich nicht geringer gewesen. Nur pauschal, nur fürs ganze darf man in Krisenlagen auf die konservative Natur jedes Bildungssystems hoffen, für den einzelnen liegt darin keine Garantie.

Verständnislos sah ich meine Mitschüler von der neuen Entwicklung begeistert. Vorübergehend wurden Turnhalle oder Aschenbahn das bevorzugte Ausdrucksfeld für soziale Bedürfnisse – sogar für meinen Freund Werner F. Die körperliche Funktionslust junger Leute, ihre Triebabwehr, ihre Neigung zum physischen Wettbewerb und die Ideologie des NS-Staats fanden auf den Sportplätzen des »Dritten Reichs« zwanglos zueinander.

Was tun? Mein »Abseits« war kein sicherer Ort mehr, geschweige denn ein glücklicher. Der Sechzehnjährige, der in Turnen und Sport sein Defizit spürt, der an vielen Fronten in – oft begeisternde – Auseinandersetzungen verwickelt ist und langsam lernt, sich zu behaupten, wird von existenzgefährdenden Drohungen an einer schwachen Stelle getroffen

(»Wo soll ich hin?«). Daß er seine Lage dramatisiert, ist für den Betrachter heute evident; damals konnten böse Ahnungen realistisch sein.

Diese ganze Reform des Jahres 1938 mochte für einzelne Lehrer und Schüler nützlich oder politisch willkommen sein, den eigentlichen Vorteil von ihr hatte die allgemeine Tendenz jedes Schulsystems: *die Heranwachsenden zu entwaffnen.* Der NS-Staat lieferte der Schule für diesen allgemeinen Zweck weit bessere ›Handreichungen‹ als für den speziellen, d. h. die »allseitige«, körperlich-geistige Bildung der Jugend. Er inaugurierte ein grobes Sprachsystem mit dem Begriff des *Willens* als Achse der Unterdrückung; ein Wort, das vor allem im Turnen umging, von angeblich inspirierender Kraft. Mir erschien es im Herbst 1938 nicht mehr nur hohl und klappernd, sondern wie ein »Voodoo«-Wort – vergiftet und lähmend.

Der Sechzehnjährige spürt also, daß er einer Verschwörung ausgeliefert ist, daß man ihn allein läßt; daß er in Gefahr ist, seine Stützpunkte und Hilfsmittel einzubüßen, die er benötigt, um sich gegen die Verschwörung zu behaupten. Und während Staat, Gesellschaft und Schule sich als ein Ganzes interpretieren, die Verschwörung in der Tat universell wird, beginnt er, sich zu »spalten« – er braucht nicht mehr als Kind, als Seele, als eine Person zu reagieren, er besteht sozusagen schon aus Stücken, aus Teilpersonen mit unterschiedlicher Identität. Er findet »Rollen«.

So fand ich – plötzlich – heraus, daß Fußballspielen schön war, ein für junge Männer natürlicher Einfall, der immer glaubhaft wirkt. Ich erlebte das als Wieder-Entdeckung: War nicht der Dresdener Fußballverein, der DSC, mehrfach deutscher Meister gewesen? In meinem Kopf fand sich eine Ecke lokalen Sportstolzes, ich hatte sogar noch Namen prominenter Spieler im Ohr. Ich ging nicht nur, wie viele andere, sonntags zum städtischen Fußballplatz, sondern beim Freizeitspiel im Internat versuchte ich mich als Verteidiger; da oft ein Bedarf nach Mitspielern bestand, nahm man mich in Kauf. Eines Tages sah ich meinem Freund Werner F. bei seinem nachmittäglichen Lauftraining zu, das Wetter war schon ziemlich kalt; als einer Art von »Caddy« wurde mir die Stoppuhr anvertraut, ich machte mich nützlich.

Als Kind hatte ich jedes Dresdener Freibad gekannt; mit der Erinnerung an die Lust des Wassers kam mir die Idee, mich zu »trainieren«, d. h. Lust gegen Leistung zu tauschen. Im Sommer 1939 erreichte ich im Rückenschwimmen ein Leistungsniveau, das mich – fast! – zum Kandidaten für die städtischen Schulwettkämpfe gemacht hätte, ein Ehrgeiz, der die Gefährdung der Versetzung endlich beseitigte. Denn nicht nur Turnen galt als vollwertiges Fach, sondern im Zuge der Reform gewann auch die früher weniger geachtete Disziplin Schwimmen an Gewicht, und so war die mir drohende 5 im Turnen durch eine neue Einseitigkeit vermieden.

Schon im Winter 1938/39 hatte ich begonnen, mich zu »bessern«: ich genoß den Zustand körperlicher Ermüdung nach einer Sportstunde, lief gern im Schnee und gewann sogar der Gymnastik einen gewissen Reiz ab. Die masochistische Spitze aber war, daß ich mich ausgerechnet im Bereich der »körperlichen Ertüchtigung« für Ordnung und Befehl zu begeistern begann. Eben war noch die Turnhalle ein wirbelndes Durcheinander von rennenden und schreienden Schülern, jeder mit einem anderen Gerät beschäftigt, dann – ein Pfiff des Lehrers, und im Nu standen wir, noch heftig atmend, in Reih' und Glied.

Erinnerungen wie diese sind immer überprägnant. Es ist anzunehmen, daß ich einige positive Erfahrungen mit Turnen und Sport in früheren Jahren doch gemacht hatte. Auch blieb die Lust am Spiel auf der Straße sicherlich nicht immer von der Turnstunde ausgesperrt. Und trotzdem besteht für mich an dem gerade skizzierten »Umbruch« kein Zweifel.

Kurz: ich paßte mich – mit meinen Mitteln, und partikular – den neuen Zumutungen des NS-Staates an. Eine Bedingung dafür war Reife, die neue Organisierung des »Ich« in Rollen; eine zweite ganz offensichtlich die Regression auf Erfahrungen der Kindheit (Schwimmen, der DSC, die »Caddy«-Funktion). Es gibt eine dritte Bedingung, die der Leser schon kennt.

Ohne es zu wissen, war ich für diese Anpassungsleistungen in Turnen und Sport gut vorbereitet. Die Radtour im Sommer war ja wohl eine beachtliche körperliche Leistung gewesen. Ich hatte selbsttätig, wenn auch unbeabsichtigt, physische Ausdauer gezeigt und gelernt, der Ermüdung nicht nachzugeben. Und daß geistige und körperliche Ertüchtigung jetzt amtlich als gleichrangig gelten sollten, hatte in der Entfaltung meiner Freundschaft mit Werner F. eine Parallele im Vorlauf: Das Abenteuer der Radtour ergänzte unsere Intellektualität. In den Bergstrecken neben den großen Flüssen liest man nicht mehr Hebbel und Nietzsche, der Glanz der Freundschaft kommt da woanders her. Vielleicht war schon die Trampreise im Frühjahr *sportlich*.

Wer an solchen Touren Spaß hat, ein unschuldiges Vergnügen, *ist* im Grunde schon integriert, d. h. faktisch normal: ist, wie Jungens eben sind, auch wenn sich der Spaß halblegalen Unternehmungen verdankt. Es gibt aber keine harmlose Normalität, der »Normale« ist schon auf dem Weg zum Handlungsgehilfen des politischen Systems. Nur wer zu nichts Bürgerlichem taugt, taugt auch nicht zum Faschisten.

War denn die Anpassungsleistung in meinem Falle mit einer ideologischen Wende verknüpft, hat sie sich generalisiert? Das nicht, oder doch nur schwach. Und selbst in Turnen und Sport war sie ja nur fürs erste pure Umerziehung, gewaltsame Affirmation. Im Schwimmtraining ist etwas anderes erkennbar, das geschickte Ausnützen von Chancen, die sich der Absicht eröffnen, ohne übermäßige Kosten zu überleben. Der soziale Druck unterwarf mich, aber da ich mich »zu spalten« gelernt hatte, setzte er mich in den Stand, mich ihm auch zu entziehen.

War ich also *nicht* wirklich auf dem Weg zum Handlungsgehilfen des Systems? Doch, die Lust an »Reih' und Glied«, am ordnenden Pfiff ist ein untrügliches Symptom. Das erleben nur Korrumpierte. Aber das Leben besteht nicht nur aus Turnen und Radtour, und ich bestand nicht nur aus Affirmation. Ich lernte – 1938, 1939 – auch, wie man den Weg vermeidet, auf dem man das Opfer des politischen Systems wird, ohne deshalb den Weg der Dissidenz zu verlassen. Ich hatte Formen des Widerstandes erlernt, auch dafür gab es untrügliche Zeichen. Ich könnte jetzt an die Psychologie der »Fassade« und an die Bedeutung der Auflösung kindlicher Erfahrungsstrukturen erinnern.* Es gibt

* S. 53

jedoch eine zusätzliche und unentbehrliche Erklärung für den gerade skizzierten – und ja gelebten – Widerspruch.

Anscheinend haben diese drei Wege – zum Handlungsgehilfen des Systems, zum Widerstand, zum bloßen Überleben – eine längere gemeinsame Strecke; auf ihr erwirbt man sich in wechselnden Zusammenhängen »Selbstbeherrschung«, Selbstdisziplin. Eine Fähigkeit, die uns von unseren leibseelischen Zuständen unabhängig macht – von Ermüdung, von Schmerz, von Angst, von der Lust oder der Zerstreuung des Augenblicks; die es uns gestattet, an Plänen, Entwürfen, Hoffnungen auch dann festzuhalten, wenn »Offenheit« sich verbietet, wenn wir zu Umwegen genötigt sind oder hart auf Hindernisse stoßen. Niemand kann alte, halbspontane Umwegleistungen durch Fassaden ersetzen, niemand so tun *als ob*, ohne ein Maß an Selbstkontrolle, also an Disziplin. Wenn unsere Lehrer uns sagten, wir würden ohne Selbstbeherrschung keine physischen und moralischen Belastungen ertragen: beim Turnen, beim Schwimmen oder als Soldat, so hatten sie Recht. Doch das gilt auch für die Belastung beim Beharren auf einer ›Abseitsposition‹ oder für den Versuch, Staat und Obrigkeit zu täuschen. Selbstbeherrschung war – jedenfalls für das Kind, das ich war und unter den Bedingungen, unter denen wir lebten – auf die Dauer nicht zu entbehren, weder für den Handlungsgehilfen des Staates noch für den Staatsfeind.

Ich könnte auch sagen: Wenn ein Heranwachsender nach der »reifen Kindheit« durch die Phase der Dezentrierung, der Spaltung, der inneren Partikularisierung geht, gehört Selbstbeherrschung – und damit eine Form des Willens – zu den Momenten einer neuen Einheitsbildung, der neuen Identität.

Die ist auch danach. Denn natürlich ist Selbstbeherrschung trotzdem eine Affirmation an den Status quo, man erwirbt sie im Prozeß der (passiven) Unterwerfung, sie ist auch ein Stück verinnerter Herrschaft. Gerade in den Tugenden, die der einzelne benötigen wird, um dem Zugriff von Herrschaft zu widerstehen, wird er ihr partiell »gleichgeschaltet«. Ein jugendlicher Dissident und Anarchist, der begeistert auf den Pfiff seines Turnherrn reagiert, ist ein überaus peinlicher Anblick; aber wartet nur ab, er wird dabei »Herr über sich selbst« und über gewisse herrschende Verhältnisse – anders würde er später kein leidlich disziplinierter Antifaschist. Als er spürte, daß er einer Verschwörung ausgeliefert war, stellte er sich nicht einmal die Frage »Was tun«? Er entdeckte in seiner Angst, daß er selbst in gewisser Hinsicht zu den Verschwörern gehört. Daß er mittun *möchte;* daß er ein Stück weit schon so war, wie er werden sollte. Vielleicht kann man eine solche – entmutigende – Entdeckung nur machen, wenn ein Kern von Autonomie Halt gibt. Ich hielt den Widerspruch meiner Lage aus – eines Tages, nach 1939/40, konnten andere mit mir und auf mich politisch rechnen. Das hat seinen Preis.

Von dem Fünfzehnjährigen in Dresden war ich jedenfalls weit entfernt. Ich hatte Weihnachten 1937 das kindliche Weltverhältnis in Richtung auf eine umfassendere Wirklichkeit überschritten, die nur schwer genau zu bezeichnen ist. Es war natürlich nicht die Welt der Erwachsenen. Das Ziel dieser Transzendenz habe ich – später – oft als »offenes Gelände« bezeichnet (vielleicht wäre die einfachste Bezeichnung: Freiheit). Auf dem Weg der Politisierung verlor ich dieses Land, das zu betreten ich doch schon begonnen hatte. Kurz: Wer nicht wenigstens etwas zum Faschisten taugt, taugt auch nicht zum Widerstand gegen den Faschismus.

Dies einmal eingeräumt, als – vorläufig – unentrinnbar, als Aporie der politischen Existenz in unserer Gesellschaft, hatte meine partielle Anpassung in Turnen und Sport ein paradoxes Resultat. Illoyale leben dialektisch, längst ehe sie einen Begriff dafür haben. *Mein* Selbstgefühl hob sich durch die bescheidenen Erfolge, *mein* Vermögen, physische Unlust zu ertragen, *meine* soziale Position besserte sich. Das macht Mut. Und im Laufe einiger Monate ließ der moralische Druck auf den leistungswilligen Schüler nach. Das eröffnet Raum. Kurz: der Erfolg der »Umerziehung« begann sehr bald, einige der Bedingungen des Erfolges zu vernichten.

Die zweite, die Herbstwelle der großen Reform, verlief sich wie die erste. Im Laufe des Jahres 1939 veränderten sich schließlich die Anforderungen im Turnunterricht. Hinter den Problemen der physischen Begabung, der Technik, der Physiologie trat der Gesinnungsterror zurück, neben dem »Willen« zählten nun auch Konstitution und Wissen. Es wurde geredet – über Training, neuromuskuläre Koordination und Wehrertüchtigung. Reden war aber mein Gebiet – ähnlich die Physiologie, an der ich aus philosophischen Gründen interessiert war. (Inzwischen war aus dem erträumten Mönch ein »Materialist« geworden – die Idee, Medizin zu studieren, eine philosophische Idee).

Im Jahre 1939 entdeckte ich die Chance, auf den Konformitätsdruck in Turnen und Sport wieder aggressiv zu antworten, als Protestant. Ich wurde wieder Kritik und lebende Unordnung, freilich: in der Form einer »kalkulierten Spontaneität«. Auf dem Höhepunkt dieser speziellen Turnkarriere, im Frühjahr 1940, stellte ich mich eines Tages zwischen die Holme eines der Barren, an denen wir üben sollten, und las, versunken und frech, ein Drama der Roswitha v. Gandersheim. Die Lehrer nahmen das hin, während bloße Schwäche oder stillen Entzug niemand mehr hinnahm.

Man kann darin ein Zeichen sehen, daß die Phase der Spaltung in Teilpersonen, die »Dezentrierung«, der Verlust der Ganzheit jetzt überwunden war: eine lustvolle Rückkehr zu sich selbst. Oder war ich *zäh wie Leder* geworden, *flink wie ein Windhund* in der Nutzung von Chancen, meinen Dissens auszudrücken? Hitler hatte sich seine Jugend so gewünscht. »Hart wie Kruppstahl« war ich allerdings nicht, eher etwas hysterisch, mit plötzlichen, erregten Schwächen, aber so war ja auch der echte Nationalsozialist.

In gewisser Weise endete das Ganze als schlechte Komödie. Zum Zeitpunkt meines Abiturs, 1941, spielte die Note in Turnen und Sport schon wieder die alte, geringe Rolle, und – sehr im Gegensatz zur öffentlichen Propaganda – hatte die »körperliche Ertüchtigung« in diesem zweiten Kriegsjahr längst ihre angemaßte Zentralstellung verloren.

Abschließende Notiz

Die »Faschisierung« 1938 war bekanntlich alles andere als ein Naturereignis. Mit dem Jahreswechsel schloß der NS-

Staat die nach der Röhmaffaire – Mitte 1934 – eingeleitete Phase relativer Ruhe und Umgänglichkeit endgültig ab. Hitler deutete an, er fühle sich altern; was nur *er* tun konnte, war nun rasch zu tun. Alle widerwillig eingeräumten Stillhalte-Abkommen wurden aufgekündigt: Hjalmar Schacht in der Rüstungs- oder Wirtschaftsplanung durch Göring, im Auswärtigen Amt v. Neurath durch Ribbentrop, konservative Fachleute in den Ministerien durch Fanatiker oder verdiente PG's ersetzt. Hitler entließ die Generale v. Blomberg und v. Fritsch, übernahm den »Oberbefehl« über die Streitkräfte selbst. H. Himmler gewann in den faulen Zirkeln der NS-Elite an Einfluß. Von der Bildungspolitik habe ich berichtet.

Vorbereitet wurden damit Plünderung, Expansion. Im März 1938 wurde Österreich annektiert, im September die Tschechoslowakei zur Abtretung der Sudeten gezwungen, der spätere Überfall auf Polen durch erste, unsinnige Forderungen Deutschlands eingeleitet. Die *Kristallnacht* im November belegte die Fortdauer der terroristischen Brutalität des Jahres nach der »Machtübernahme«.

Auch die Auflösung familiärer und privater Sozialstrukturen setzte sich in diesem Jahr fort. Mein Halbbruder Armin, der in Dresden bei seinem Vater lebte, kehrte im Sommer von einem Besuch unserer Mutter in England nicht mehr zurück – ein Schatten, eine Trauer an den Fransen meines Bewußtseins, fast wie die Erinnerung an einen älteren Schmerz. Im Herbst suchte ich während der kurzen Ferien Armins Vater auf, zu dem ich immer gute Beziehungen hatte, ein Pianist und Lehrer am Konservatorium. Ich traf ihn bei den letzten Vorbereitungen für die Emigration. Seine zweite Frau, eine schwedische Jüdin, war schwer krank, das Ehepaar geängstigt und am Ende seiner Kraft.

Über Emigration und ihre Ursachen war ich schon lange informiert, und über den Antisemitismus brauchte in Deutschland niemand Belehrung. Doch erst Ende 1938 wurden die Ereignisse, die mich selbst getroffen hatten (wie die Emigration der Mutter oder die Verarmung des Vaters) endgültig von halbprivaten, individuellen zu wirklich öffentlichen und nur politisch zu begreifenden Ereignissen.

Die unvergessene Trauer über das Verschwinden des

geliebten Halbbruders Frank nahm um diese Zeit herum eine kältere Gestalt an, wurde Wut; die schon halbleere Wohnung seines Vaters wird dazu beigetragen haben. Der Antifaschismus im »Wildwuchs« wurde politisch (in dem Sinne, den die Demokratie dem Wort gab); er begann tastend, seine analytische Sprache zu suchen, er entdeckte in sich noch unentfaltete Ansätze zu sozialem Handeln. (Es dauerte aber fast zwei Jahre, bis es wirklich so weit war).

Aber fiel die Affirmation in Turnen und Sport nicht ungefähr in die gleiche Zeit? Ja. Und der »Weg nach innen«? Der Traum vom Mönch? Auch er. War ich nicht – im Internat – nach wie vor der entschlossene Dissident, ein Einzelgänger, so undiszipliniert wie unversöhnlich? Gewiß. Dabei habe ich es unterlassen, über den Reflex der großen Ereignisse – die »Heimkehr Österreichs ins Reich« – in den Erlebnissen des Schülers zu berichten; da wäre ein neues Blatt aufzuschlagen. Ein verspätetes Kind, ein Heranwachsender mit »alterslosen« Freiheitserfahrungen, ein halb-angepaßter Erwachsener mit einem sich qualifizierenden Begriff von antifaschistischer Politik, war ich das alles zugleich?

Die Turnhalle, der stille Pavillon im Garten des Internats, die großen Flüsse der Ferienreise, der HJ-Dienst, die Stadt Dresden – das waren je ganz verschiedene Lebensgelände, in ihrer Physiognomie und Topologie unvereinbar. In ihnen lebend, war ich verschieden wie sie.

Ich wollte erst sagen: »widersprüchlich« wie sie, aber es gibt natürlich zwischen Stadt und Turnhalle keinen Widerspruch. Die Reichweite dieses Wortes verdankt sich zu Anteilen unserer kulturellen Überlieferung, die möglicherweise auch die Idee der Einheit, der Identität, der Unteilbarkeit des einzelnen übertreibt, und nicht nur die Einheit des sozialen Geschehens, die »Geschichte«. Die Synthesis ist – vielleicht – auch die »Idiosynkrasie einer bestimmten Tierart« (F. Nietzsche). Aber wird aus uns denn nicht eines Tages *einer?* Ja, gewiß, wir bleiben ja auch nicht polymorphpervers. Wenn wir nur genauer wüßten, was das bedeutet. Wird die »Einheit der Person« produziert wie der Alltag in der Industriegesellschaft? So daß ein Typus der Zeit, der Objektbeziehung, der Normen sozialen Handelns alle anderen Teilpersonen vernichtet? Es gibt freilich Konstanten, die uns von Kind an begleiten: ich habe meine relative Unbeugsamkeit genannt (man kann auch sagen: die Unfähigkeit, sich lernend anzupassen), deren Einfluß auf mich schwankte; eine »Lebensgesinnung«, in der Kindheit erworben, die unter den gegebenen Realitäten der Zeit auf einem Stück Alleinsein und Autonomie bestehen muß. Synthetisierende Kraft hat der »Geist«, d. h. intellektuelle Bildungsprozesse weben ihre Fäden durch das »Verschiedene«. All dies ist von Bedeutung für das *Abseits als sicheren Ort,* sicher vor der Faschisierung. Doch groß ist auch der Einfluß, den bestimmte Entscheidungen für eine mögliche Synthesis haben, so daß wir – zu Anteilen – werden, wie wir handelten, und nicht so handeln, wie ein Charakter es befiehlt.

Eines Tages schwindet unser Vertrauen in das »Verschiedene«, das wir sind; *das offene Gelände,* unser Atlantis, versinkt.

Eine glückliche Katastrophe (1939)

Die Riten des NS-Staats hatten sich die zeremoniellen Bedürfnisse der Schule angeeignet: montags zogen wir feierlich eine Hakenkreuzfahne im Schulhof auf, samstags holten wir sie ebenso feierlich wieder ein. Der *Fahnenappell* hatte das alte Schulgebet längst abgelöst. Es gab Versuche, den Ritus zu entprovinzialisieren: In den USA hinge die Nationalflagge in jeder Klasse und werde täglich geehrt, so wurde uns von einigen Lehrern berichtet.

Lehrer und Schüler traten in großen Marschblöcken an, das Kommando übernahm ein älterer Schüler – Volksgemeinschaft! Er hatte eine Parole auszugeben; wir entnahmen diese Fahnensprüche weit verbreiteten Sammlungen völkischer »Weisungen« oder fanden sie in Führerreden, Jugendschriften, manchmal im Deutschunterricht. Auch Goethe und Schiller waren verwertbar.* Gute Exemplare fanden sich in unserem Schülerkalender, darunter der kategorische Imperativ in einer gereimten Form:

»Und handeln sollst Du so, als hinge
von Dir und Deinem Tun allein
das Schicksal ab der deutschen Dinge
und die Verantwortung wär' Dein.«

Als Obersekundaner, 1938, erreichte das Kommando auch mich. Beim erstenmal handelte ich so, wie festgelegt, aber beim zweitenmal nicht mehr. Mein Selbstgefühl war gestiegen, es gab wieder Raum. Im Frühjahr 1939 enthielt mein Sprüchereservoir Konterbande, darunter eine physikalische Gesetzlichkeit in der Version meines Vaters, der sich seine eigene soziale Physik gemacht hatte. Während *die Fahne am*

* Wie DDR und BRD belegen, dauert die freie Konvertibilität der Klassiker fort.

Morgenhimmel aufstieg (ein Klischee der damaligen Literatur), verkündete ich der Schule, *Hände an der Hosennaht:*

»Man kann sich nur auf die Kräfte stützen, die Widerstand bieten – ein Wort vom Führer!«

Es waren viele Führerworte im Umlauf. Ihr Wert lag nicht in irgendeiner Logik oder Konsistenz. Ob die Authentizität der Parole geglaubt wurde oder nicht, habe ich nie erfahren; darüber fiel kein Wort.

Die Stille hätte mich mißtrauisch machen müssen, weil nichtalltägliche Fahnensprüche in der Regel irgendwo erörtert worden sind und »Abweichungen« eigentlich immer Anlaß zu Reaktionen der Schule oder des Hauslehrers waren.

Aber ich ging durch die Räume und Zeiten des Internats in diesem Frühjahr unabhängiger und unberührter als je, ohne daß ich mich heute daran erinnern könnte, wann ich da eine »innere Schwelle« überschritt. Auch die untergeschobene Parole war nicht als Provokation gemeint, wenngleich ich mit Reaktionen rechnete und mir eine Ausrede sorgfältig überlegte. Vielleicht war sie ein Zeichen von Hochmut.

Im Frühjahr 1939 besaß ich einen Hausschlüssel zur Nebenpforte des Internats, übernommen von einem älteren Freund, der die Schule im Februar verließ. Denn zu dieser Zeit konnte man Schlüssel nicht einmal mehr stehlen. Nachts entfernte ich mich öfters, als die Winterkälte nachließ: auf der Suche nach dem Anblick der Sterne, nach dem Wind, der in den Büschen umging, nach den Lichtern der Stadt.

Fr. Nietzsche war damals »mein« Autor. *Ecce homo* wurde mein Lieblingsbuch. (Zufällig besitze ich den zerlesenen – und mehrfach geklebten – Reclamband noch heute, mit den vielen, auch sehr kritischen Anmerkungen in der fehlerhaften Stenografie des Unterprimaners. Ich fand z. B., der Autor verstehe nichts von Musik.) Dann: die *Fröhliche Wissenschaft,* die mir mein Vater Weihnachten 1938 geschenkt hatte. Auf die erste Seite schrieb er mir seine Widmung:

»Erhebe Herz und Kinn
zur Sonne und sei munter.
Das Brüten hat nur Sinn
mit frischen Eiern drunter.«

– ich war pikiert. Auf die Innenseite des blauweißen Schutzumschlags trug ich meine eigenen Denkresultate ein; darunter, wohl die Abwandlung eines Nietzsche-Zitats, *»Befehle geben und Befehlen gehorchen ist ein Greuel«.* Das war mit einem Mal mein Glaubensbekenntnis geworden (und ist es, von Phasen der Anfechtung abgesehen, bis heute geblieben.)

Ich liebte »Wanderers Sturmlied« von J. W. v. Goethe und die »Harzreise im Winter«. Ich las Meister Eckehart. Unter meinen Internatsgenossen lebte ich wie ein lonely wolf, aber in dieser Beziehung akzeptiert. Traditionsgemäß verlieh mir das Schulalter – Unterprima! – im Internat Würde. Die wollte ich aber nicht haben, und ich versuchte, zu den ganz jungen Schülern – üblicherweise die Laufburschen der Prima – freiere Verhältnisse zu finden; überrascht davon, daß ich für sie, die meine chronique scandaleuse nicht mehr kannten, »Autorität« war, und unsicher, was ich mit dem plötzlichen sozialen Angebot anfangen sollte: eine *gute* Autorität sein? Ich wurde es, weiß der Teufel, wie.

Der Hauslehrer ließ mich in Ruhe. Der Krieg – gegen meine Unordnung, gegen seine Anmaßung – war der gegenseitigen Nichtachtung, Nichtbeachtung gewichen. Für den Rektor existierte ich nicht mehr, auch ich vergaß ihn. Ostern 1939 erhielt ich keine offizielle Ordnerfunktion, im Wohnzimmer, im Schlafsaal oder in der Bibliothek, was für die Oberstufe üblich war, und dachte mir nichts dabei.

Das alles war die Stille vor einem Sturm. Man gab es auf, mich zu erziehen, und damit auch, mich zu halten.

Im Mai oder Juni wurde meine Lage plötzlich binnen weniger Tage dramatisch und unhaltbar. Ein Anlaß war die Entdeckung der nächtlichen Ausflüge, ein (Haupt-)Vorwurf: der Besitz eines Hausschlüssels, *der* Akt der Illegalität.

Die Lehrerkonferenz beschloß – ohne einen Beweis vorlegen zu können, daß ich tatsächlich einen Hausschlüssel besaß – meinen Ausschluß aus dem Internat. Sie unterließ es zu meiner Überraschung, mich vor das Kollegium zu zitieren, was bei schweren Vorwürfen – und Strafen – üblich war; sogar der Rektor teilte mir nur seine Vorwürfe und Entscheidungen mit, aber eine Untersuchung leitete er gar nicht mehr ein. Die Lehrerkonferenz gab mir überdies das *consilium abeundi* für die Oberschule, also den »Rat, abzugehen«, um die formelle Verweisung zu vermeiden. Damit hatte ich nicht gerechnet.

Mein Vater wurde bestellt. Er forderte vom Rektor, er solle mich zu der Unterredung beiziehen, aber selbst das wurde abgelehnt – ein, so weit ich weiß, einmaliges Ereignis. Die Begründung: »Ihr Sohn redet sich doch nur ›raus‹.« Mein Vater berichtete mir das nicht ohne Stolz auf mich. Er hatte darauf die Unterredung nach wenigen Minuten abgebrochen – keine Verhandlung ohne Beisein des Beschuldigten. Da war ich stolz auf meinen Vater.

Am Tage danach wurde ich von Schulbesuch und Internatsordnung suspendiert: Bis zum Ferienbeginn, etwa zwei Wochen später, konnte ich (innerhalb gewisser Grenzen) tun, was ich wollte. Am großen Sommerfest durfte ich nicht mehr teilnehmen. Ich genoß diese Freizügigkeit und das Ende der Internatszeit, und daß ich »genoß«, erfüllte mich erneut mit Glück: Wo war die Angst des Vorjahrs, die Panik des »Wo soll ich hin?«

Vergessen, verraucht, überlebt.

Wir suchten in der Stadt ein möbliertes Zimmer für mich. Irgendwann sollte ich im Vorzimmer des Rektors den formellen Urteilsspruch entgegennehmen, das lehnte ich ab; ich erhielt ihn per Post.

Die Sache mußte dem Ministerium in Dresden vorgelegt werden: Es hatte beim consilium abeundi zu entscheiden, ob ein Schulwechsel zugelassen werden könne oder nicht. Die Schule hatte immerhin empfohlen, mir den weiteren Besuch einer höheren Schule zu gestatten. Mein Vater bemühte vorsichtshalber einen Rechtsanwalt. Das Ministerium entschied im August positiv: keine Unwürde. Danach nahm das Städtische Realgymnasium mein Aufnahmegesuch an.

Diese Nachricht erreichte mich in einer Baubaracke der Reichsautobahn. Ich hatte mich für die Ferien als Bauhilfsarbeiter verdingt, was gut bezahlt war und praktische Probleme der Unterkunft erst einmal löste. Vor allem war es ein cordon sanitaire gegenüber der Vergangenheit: eine Atempause.

Im Juni 1945 warf ich noch einmal einen Blick auf Schule und Internat. Inzwischen wurden die Gebäude von der amerikanischen Armee benutzt oder standen leer.

Anmerkung zu Meister Eckehart

Der Mystiker wurde von der NS-Fraktion der Evangelischen Kirche stark propagiert und als Ausdruck *deutschen Glaubens* auch von einigen Lehrern empfohlen. Seine Schriften waren 1934 bei dem nazistischen Verlag E. Diederichs erschienen: »Es gibt nicht viele Bücher, die (. . .) gerade heute so berufen sind, der religiösen Besinnung und Verinnerlichung des deutschen Volkes neue Wege zu weisen«, hieß es in der Vorbemerkung des Verlags. Die (später erschienene) Volksausgabe – meine Quelle – war 1939 »im 11. bis 20. Tausend«, für damals und in diesem Genre eine stolze Zahl.

War ich ein Opfer der Verlags- und Kirchenpropaganda? Was ich mir in meinem Exemplar damals angestrichen habe (ich besitze es noch), könnte auf den ersten Blick für propagandistische Erfolge sprechen:

»Das schnellste Roß, das Euch zur Vollendung trägt, heißt Leiden«, und »Wer von der Welt am wenigsten besitzt, der besitzt von ihr am meisten. Niemandem gehört die Welt so zu eigen, als wer die ganze Welt aufgegeben hat.«

Es scheint auf der Hand zu liegen, warum Meister Eckehart nicht ungern in den schmalen Bücherborden einiger Primaner oder in den Häusern der Frommen gesehen wurde. Gib' die ganze Welt auf, das heißt: »laß' sie den Besitzenden«. Und: Leiden, das ist nichts, was abzuschaffen wäre, es macht erst einen Menschen aus dir. Leiden *reift*. Schließlich: Wer kein NS-Aktivist war, sollte besinnlich sein, da störte er nicht.

Aber – Vorsicht: Mit allen seinen großen Zeugen hat sich der Nationalsozialismus blamiert. Hatte ich denn nicht wirklich »eine Welt aufgegeben«, nämlich vieles von dem, was für Mehrheiten damals »Welt« ausmachte?, und hatte ich nicht gerade deshalb ein Mehr an Welt? Sogar mein kurzer Traum, Mönch zu werden, hatte seine dialektische Seite. Wenn die gesellschaftliche Praxis, der Alltag »Wüste« wird, ist das besitzlose und solidarische Kloster in der Wüste ein Stück wahrer Gesellschaft. Und die empfohlene »Abkehr« von der Welt ideologisiert nicht nur die Sexualängste eines jungen Mannes: Sie war unter dem Druck der faschistischen Öffentlichkeit auch Einübung in Unbeugsamkeit oder Anpassungsverweigerung.

Ich las aber bei Meister Eckehart auch – und strich es mir gleich mehrfach an –:

»Die Seele ruht niemals, sie werde denn erfüllt mit ihrer vollen Wirklichkeit; ganz so, wie die Materie nicht ruht, sie werde denn erfüllt mit allen Formen, die ihr möglich sind, so ruht die Vernunft nimmer, sie werde denn erfüllt mit allem, was in ihrer Möglichkeit liegt.«

So war die Gegenwart und ihr Realitätsprinzip nicht *alles*, weder die »Materie« noch die »Seele« oder die »Vernunft« waren schon komplett. Die Unruhe des Werdens, die der Heranwachsende spürt, erschien im Licht dieser Eckehartschen Zeilen tätiger und substantieller als die ganze Bewegung der NSDAP. Der Mystiker war jedenfalls kein Philosoph für Turner, und Deutschland war – mit Ausnahmen – ein Volk von Turnern.

Ähnlich *Hölderlin:* Auch er wurde – in Auszügen – empfohlen. Ich besaß ein schmales, billiges Bändchen »Vom heiligen Reich der Deutschen« (wieder Verlag W. Diederichs, Bd. 24 der »Deutschen Reihe«). Aber Form, Dichte, Schönheit, Intensität der Sprache und die Komplexität des Gedankens machten Hölderlin – oder Meister Eckehart – zu einem Antidot gegen das Gift der NS-Weltanschauung. Auch dort, wo sich ein Inhalt nicht unvermittelt gegen den Nationalsozialismus wenden ließ.*

* Auf der vierten Seite des Hölderlinbreviers unterstrich ich den Satz »Das eigentlich Nationelle wird im Fortschritt der Bildung der immer geringere Vorzug werden«. Heutzutage ist es wohl nicht mehr nachzufühlen, daß dieser Satz damals ermutigen konnte, daß er Widerstandsqualität hatte.

Exkurs: Über soziales (Mit-)Gefühl. Die gespaltene Welt

Unser letzter dresdener Umzug 1931 – gegenüber ein Bierlager, die Polizei – war umwölkt (S. 8). Dem Achtjährigen teilte sich nicht nur die Sorge der Eltern mit, als sich Stimme, Gestus und Zeitbudget des Vaters veränderten. Es gab Belastendes genug in seiner unmittelbaren Erfahrung.

Wenn ich unsere Wohnung verließ, blickte ich auf das Türschild einer fremden Wohnung gegenüber – das war neu. Früher hatten Nachbarn über uns oder unter uns gewohnt, und wenn ich schon einmal aus irgendeinem Grund im oberen oder unteren Stockwerk klingelte, sah ich ein vertrautes und meist freundliches Gesicht. Das war vorbei: die Leute gegenüber blieben fremd. Es gab viele anonyme Leute im Haus, aber keinen Hausmeister mehr, der nach mir gesehen hätte im Falle elterlicher Abwesenheit. Der neue Hausmeister war unberührbar. Ich fürchtete mich vor ihm. Grau, böse, stumm schlich er durchs Haus, als wäre er buckelig. Im Hinterhof hackte er einmal Holz, als wollte er jemanden erschlagen.

Grau, wenn auch nicht böse, waren seine beiden Kinder; die schlichen auch, aber ängstlich. Meine Großspurigkeit verstanden sie nicht. Eines von ihnen, in meinem Alter, besuchte, wie ich hörte, die Hilfsschule; ein Wort, über das ich spottete und zugleich erschrak.

Weihnachten 1931 – vor »meiner« Bescherung, also wohl am frühen Nachmittag – sollte ich nicht wie üblich, so lange ich wollte, zum Schlittschuhlaufen gehen; es war etwas zu tun. Mein Vater erklärte mir, daß wir der Familie des Hausmeisters Brot und Geschenke bringen müßten, sie seien sehr arm. Auf dem Weg in den 4. Stock wurde das Treppenhaus immer unansehnlicher, es gab »oben« sogar einen Ausguß auf dem Flur. Die Küche war fast leer – ein Tisch mit einer einzigen Kerze, ein paar Stühle – und kalt. Ich erkannte die Frau wieder; ab und an war sie im Treppenhaus zu sehen gewesen.

Zwei oder drei Wochen später gab es erregte Gespräche beim Bäcker nebenan; es war etwas passiert, der Hausmeister hatte etwas gemacht, ich verstand nur halb. Jedenfalls war der Mann mit Frau und Kindern *»in die Elbe gegangen«*, in der Nähe der Frauenkirche; ihn hatte man gerettet und ins Krankenhaus gebracht.

In der Zeitung stand, er, ein Hilfsarbeiter (was war das?), sei schon 1929 arbeitslos geworden. Mein Vater erklärte mir, was ein Hilfsarbeiter sei. Auch daß es mehr als diesen einen gemeinsamen Selbstmord aus Not gegeben habe, daß zu lange Arbeitslosigkeit Menschen verzweifeln läßt, und daß es eine unerträgliche Qual sein kann, die eigenen Kinder hungern zu sehen.

Vielleicht hätte ich mich doch bald über die Sache hinweggespielt, weil jeder Tag für ein Kind Neues bringt, und Vergessen, als soziale Ökonomie, seine Ängste schlichtet. Aber ein Gerücht im Hause viele Wochen danach, eine Zeitungsnotiz, auch die Unterhaltung meiner Eltern hielt das Ereignis für mich fest. Der gerettete Mann war, wie ich hörte, wegen Totschlags zu Gefängnis verurteilt worden. Ich hatte die Physiognomie des »Bösen« nicht vergessen, es war für mich immer etwas in dem Manne gewesen, was mich ängstlich machte; und daß er – wie es nun hieß – Frau und Kinder in der Elbe hatte ertrinken lassen und sich selbst rettete (oder retten ließ), bestätigte die Hypothese in meiner Furcht. Nur daß dieses Böse, wie ich sofort verstanden hatte, ja schon die Folge von Leiden war, von Armut, von bitterem Elend, von Ausschließung. Ein gewaltsamer Tod, die fast leere und ungeheizte Küche – am Weihnachtsabend! –, Hilfsschule, Gefängnis, meine gelegentliche Arroganz gegenüber den Kindern, die nun tot waren, die Hilfsbereitschaft meines Vaters, das war ein Kontext, aber eine gespaltene Welt.

Als ein Stadtkind wußte ich ungefähr, was ein Gefängnis ist, es gab in Dresden und Umgebung genug davon. Doch es war da noch ein Unterton nichtuntergegangener Märchenwelt: der Kerker wie eine Höhle, lichtlos, der Gefangene angekettet bei Wasser und Brot. Darin ist nichts Bemerkenswertes.* Aber »unkindlich« vielleicht eine Deutung der

* Vielleicht wird in solchen kindlichen Assoziationen die Figur des Eingekerkerten von der Idee der Befreiung umspielt.

Nachricht, wohl von den Erklärungen des Vaters produziert: darin sah ich den Inhaftierten als Opfer. *Ihm* war etwas passiert. Auch die Haft stieß ihm zu – wie Arbeitslosigkeit und Tod der Kinder. Um diese Zeit herum entdeckten Armin und ich im Bücherschrank meines Vaters ein Album mit Zeichnungen von H. Zille. Darunter eine verhärmte Frau, die mit ihrem Kind ins Wasser geht; das Kind fragt ängstlich: »Mutter, is ooch nicht kalt?«, und die Mutter antwortet: »In unserer Küche war es kälter.«*

Warum bringt eine Mutter sich und ihr Kind um? Ist ihr und dem Kind da etwas passiert oder hat die Frau etwas gemacht?

Wie jedes Kind litt ich unter der Geisteskrankheit der Erwachsenen, für alles, was an Schlimmem geschah, einen persönlichen Urheber zu erfinden. Nie *geschah* etwas, alles alltägliche Unglück wurde von jemandem (dem Kind!) *gemacht.* Oder vom Hausmeister, der im Gefängnis saß.

Es gab mehr, was mir lange nachging, und was mit zweideutigen Worten wie »Hilfsarbeiter« oder »Hilfsschüler« zu bezeichnen ist. Weder halfen der Arbeiter oder der Schüler, noch wurde ihnen geholfen. Sie wurden bestraft – und entrückt. So erfuhr ich erst viel später, daß die Hilfsschule, die jenes Kind des Hausmeisters besuchte, in meiner Volksschule untergebracht war: die »Segregation« hatte funktioniert.

Es mag mit an dieser Entrückung der Armut gelegen haben, daß unser Weihnachtsbesuch sich nachträglich einer Expedition in fremde Kulturen anglich. Alles ist dort primitiv und fremd, man geht wieder und läßt die Eingeborenen in ihren Zuständen zurück. In meiner kindlichen Erinnerung wurde, was den Hausmeister anging, die Idee des Helfens unwichtiger. (Wir hatten ja offensichtlich auch nicht geholfen.) So sah ich mich in der Erinnerung an der Hand meines Vaters die Fremde betreten, als wäre unser weihnachtlicher Besuch – in erster Linie – eine Bildungsreise gewesen.

Vielleicht entsprach dies sogar pädagogischen Absichten meines Vaters.

Gut, das war »die Fremde«. Aber wer hatte den Leuten

* Eine verständliche Ungenauigkeit meiner Erinnerung. Auf dem Blatt antwortet die Mutter: »Laß man, de Fische leben ja immer drin.«

ihre Möbel weggenommen, so daß die Küche leer war? Und warum wurde das Treppenhaus, unser Treppenhaus, nach oben immer schäbiger und dunkler? Ein so privater Gegenstand wie ein Ausguß nicht in der Küche, sondern im Hausflur? Hätten wir die oberen Stockwerke gar nicht betreten dürfen – lebten die Leute zum Teil »draußen«? »Die Fremde« war auf eine bedrohliche Weise zugleich meine, unsere Welt.

Vielleicht wäre der Alltag auch über diesen Brüchen eines kindlichen Weltverständnisses noch einmal zusammengewachsen, hätte nicht ein neues Ereignis das Gestrüpp täglicher Ablenkungen gelichtet. Im Frühsommer 1932 fiel ich spätabends, im Hauptbahnhof, einer Bande von Halbwüchsigen in die Hände, die mich sexuell attackierten und mir Nähnadeln in den Unterarm drücken wollten; ich schrie panisch. Während die Passanten mit abgewendetem Gesicht vorbeiliefen, griff ein Bahnpolizist ein und jagte die Meute auseinander. Ich floh wie sie – denn daß ein Zehnjähriger um diese Abendzeit nichts auf dem Bahnhof zu suchen hatte, wußte ich, und wie jedes Bürgerkind fürchtete ich die Polizei.

Auch nach Hause wagte ich mich nicht. Ich rannte in die verkehrsreiche Prager Straße bis zum Café Eden, wo man durch riesige Glasfenster Leute sitzen sehen konnte, rauchend, redend oder über ihre Zeitungen gebeugt.

Diese Halbwüchsigen waren für mich unmittelbar als Teil jener zweiten Welt erkennbar gewesen – in ihrem feindseligen, bedrohlichen Aspekt. War denn der Bahnhof ein Stück Treppenhaus? Meine erste Hypothese über den Hausmeister wurde bestätigt, und doch hatte ich in meinen Phantasien ein bleiches Gesicht des Mannes im Kerker gesehen, das sich von den bleichen Gesichtern der ertrunkenen Kinder nur wenig unterschied.

Verspätet, wie ich an diesem Abend war, erwarteten mich zu Hause natürlich elterliche Vorwürfe, und daß ich den Vorwürfen ungeschickt auszuweichen versuchte, indem ich die Heimkehr weiter aufschob, daran ist nichts Besonderes. Kinder sind manchmal so. Aber es gab nach dem Schrecken mit Jugendbande und Polizei einen zweiten Grund dafür: zu Hause war da kein Trost zu erhoffen. Es gab eben zwei Welten: die Brücke von der vertrauten (elterlich-häuslichen) zum »Elend« wurde durch Gewalt und Angst geschlagen, es gab also eigentlich keine Brücke. Und doch war diese zweite Welt der meinen (unseren) eingemischt, und meine ihr. Ich war behütet und »ausgesetzt«. Für die Erfahrung der Gewalt waren die Eltern, obwohl guten Willens, nicht zuständig.

Warum nun gerade jene durch Glasscheiben zugängliche Sphäre der Zeitungen, der Pfeifenraucher und des Tees mein sicherer Ort sein sollte, weiß ich nicht. Vielleicht suchte der Zehnjährige schon nach Orten einer intellektuellen Erfahrungsproduktion: der »Straße« durch die Glasscheiben ebensowohl vermittelt wie entrückt.

In das erste Jahr der Höheren Schule – 1932/33 – fällt nicht nur meine – angemaßte – Nazizeit, sondern auch die erste Versuchung zur Bandenbildung. Mit zwei anderen *outcasts,* schmutzig und unkonzentriert wie ich, trieb ich mich voller aggressiver Phantasien in der Stadt herum. Bei Woolworth wurden wir beim Ladendiebstahl erwischt. Kurzfristig verbreitete sich in der Klasse um uns herum eine Zone des Respekts, gemischt mit Ablehnung.

Zu anderen Zeiten lief ich allein und sehnsüchtig durch Villenstraßen; träumte unter Kastanienbäumen, ein kleiner Eichendorffscher Taugenichts, ein Nomade, der hoffnungsvoll auf hellerleuchtete Fenster sah, auf erdachte Räume ohne Gewalt. (Ich hatte damals, wer weiß woher, die Theorie, daß die Bewohner der Villen ihr Haus nie zu verlassen brauchten; *ihre* Welt war der zweiten – und unserer – Welt entrückt. Das Symbol dafür war in meiner Phantasie eine große Bibliothek, von der ich voraussetzte, sie sei in jeder Villa vorhanden.)

Ich gab auch ein Gastspiel als Rädelsführer unter den Jungen in meinem Wohnviertel. Aber weder durch Rollenspiel noch durch Traum ließ sich der erfahrene »Riß in der Welt« bewältigen.

Diese Erfahrungen und Ängste versanken eines Tages; schon 1936, zu Beginn der Internatsjahre, waren sie von vielem überlagert, nicht zuletzt von der Lebenslust des lange unbeaufsichtigten Kindes, und nicht einmal der Zwangskontakt mit Einrichtungen der Jugendfürsorge und der Polizei erinnerten an alte Schrecken (S. 9). Das Schicksal des

Hausmeisters, die Halbwüchsigenbande, die Zilleschen Bilder aus dem *Miljöh* verschmolzen vielmehr mit den vielen unnennbaren Schatten kindlicher Erlebnisse, in denen sich Trauer über menschliche Verhältnisse vorbereitet. Nicht nur Trauer: auch Einsicht in den Schuld- und Gewaltzusammenhang, der die erste mit jener zweiten Welt verklammert.

Ahnungen, nie artikulierte Bewußtseinslagen also, nicht abzulösen von der Lust am eigenen Privileg – in manchen späteren Jahren literarisiert:

»Ihr führt ins Leben uns hinein,
Ihr laßt den Armen schuldig werden,
Dann überlaßt ihr ihn der Pein;
Denn alle Schuld rächt sich auf Erden«,

ein anderer Goethe als der heroische meiner Mutter; später schließlich politisiert, als Schuld der bürgerlichen Gesellschaft am »Elend« (daher auf zunächst unklare Weise auch meine eigene).

Und für einige Jahre wurde dieses Gemenge aus Erfahrung, Ahnung, Träumen und Angst mehr oder weniger wirklich vergessen, d. h. unwirksam, denn natürlich nahm der NS-Staat dem Heranwachsenden fast alle Chancen, solche sprachlos gewordenen Bewußtseinslagen neu zu artikulieren. Doch wenn dieses soziale (Mit-)Gefühl, das sich einem Kind zeitig aufgedrängt hat, auch auf verschiedene Weise schwinden kann – das Kind wurde einmal für immer sensibilisiert. Solange sich die Welt nicht ändert, eine gespaltene bleibt, wird es später – irgendwann – in seinen täglichen Wahrnehmungen die vergessenen Erfahrungen wiedererkennen und dann in der Lage sein, sie sich bewußt zu halten – unter einer Voraussetzung, die ich noch oft wiederholen werde: daß es daran nicht doch durch offizielle Bildungsprozesse gehindert wird, daß es also im Abseits verharrt, als ein dem Prinzip nach »unbeaufsichtigtes Kind«.

Der *Armut*, der *Ausschließung*, der *Strafe* war ich auch vor der eben notierten Geschichte begegnet; von der Armut abgesehen auch als Objekt. Eine frühe und eine spätere Erfahrung sind zum Problem »sozialer Gefühle« nachzutragen.

Was erlebt ein Kind, das – etwa in den ersten Jahren der Volksschule – ausgeschlossen, bestraft, d. h. in die Ecke gestellt, aus dem Klassenraum verwiesen wird? Weil die Strafe zugleich ausschließt und bindet, verwandelt sie das »Miteinander« von Kindern und Lehrern in einen Zwangszusammenhang und entläßt aus dem »Miteinander« (das selbst von Momenten des Zwangs nie frei war). Ich »mußte« vor der Tür stehen, bloßgestellt und voll Scham, aber aus dem Unterricht entlassen, konnte ich denken und träumen, was ich wollte. Irgendwann, schon im 2. Schuljahr, wurde ein positives Element in der Ausschließung deutlich. Nicht mitmachen, das war fürs erste Zwang (»ich darf nicht«). Aber wenn nur die Wirklichkeit danach ist, liegt im Nichtmitmachen auch wieder Freiheit.

Das könnte die Ausrede des Fuchses sein, dem die Trauben zu hoch hängen, so nennt er sie sauer. Aber schon im zweiten oder dritten Schuljahr war ich auf der Suche nach *belebenden Umständen*, nach dem »Interessanten«, das zu sehen, hören, fühlen wichtig ist, und diese Suche führte fast immer ins »Außerhalb«. Belebende Umstände, das war für mich – und ist es noch – ein Moment von Freiheit. Das Kind fand sie »bald da, bald dort«, d. h. an Plätzen, an denen es nicht sein mußte, es fand sie nur als unbeaufsichtigtes und als nichtintegriertes, ja: als »ausgeschlossenes« Kind. Sagen wir: der kleine Stadtwilde wird zum Nomaden. Und weil er die Schule nicht schwänzen kann, entwickelt er bald leidliche Techniken, mit ihr zurechtzukommen, er wird, weil es anderswo belebend zugeht, gleichgültig.

In diesem »Außerhalb« bildeten sich neue, phantastische Beziehungen aus: zur Armut, zu den Stadtstreichern und Bettlern. Armin und ich bettelten eines schönen Tages selbst, in einer abgelegenen Straße, und erhofften uns wer weiß welche Offenbarungen davon, aber was wir erhielten, waren Pfennige, also Geld – der Versuch hielt nicht, was er versprach. Von den inquisitorischen Fragen abgesehen, die manche Leute uns stellten, und denen gegenüber rasche Flucht als die einzige sinnvolle Antwort erschien.

Zu anderen Zeiten nützte ich jede Gelegenheit, nachts heimlich die elterliche Wohnung zu verlassen; fasziniert nicht nur von den Arbeitern, die, in sprühende Funken gehüllt, Geleise der Straßenbahnen ausbesserten, sondern auch von den »Lumpen« im Umkreis des Hauptbahnhofs und der städtischen Grünanlagen. Sie waren unbeaufsichtigt und machten nicht mit. Darin lag für mich mehr als das Herzklopfen, das uns die Freiheit ankündigt. Ich bin unsicher über die Bedeutung dieses »Mehr« – es hatte gewiß etwas zu tun mit meiner nun langsam reifenden Abneigung gegen die Normalität, und mit den diffusen, ungewußten Ängsten, wie sie eine faschistische Machtübernahme begleiten. Wie soll, wie wird man überleben?

»Wir kommen zu einem vorläufigen Schluß. Und zwar: Eine Gesellschaft, die zu einer Katastrophe verurteilt ist und unfähig, sich dagegen zu wappnen, kann nicht damit rechnen, zu überleben, ausgenommen die wenigen, die sich auf das Chaos und die Katastrophe eingestellt haben. Die Bürgerlichen, die Befehlsempfänger, die Angepaßten, die Gutmütigen müssen damit rechnen, die ersten Opfer zu werden. Aber die Vagabunden, die Kriminellen, die Verrückten, die Allerärmsten werden die Mittel haben, um zu überleben. Wir kommen daher zu der Überzeugung, daß wenn sich das Erdbeben innerhalb der nächsten fünf Jahre ereignet, niemand übrigbleibt als jene Menschenklasse, die die gegenwärtigen Führer der Gesellschaft als nicht wünschenswert ansehen (. . .)«*

Ein zweites Problem, mit der Geschichte des Hausmeisters verstrickt, war das der *Strafe*. Von den vielen Facetten, die es hat, ist für eine politische Biografie eine besonders erwähnenswert.

Schon bei meinen Eltern hätte ich den Verdacht haben können, das »Verursacher«-Prinzip (nichts »geschieht«, alles wird von jemandem gemacht) gelte den Erwachsenen deshalb als unentbehrlich, weil es die Voraussetzung der Strafpraxis ist. Ich hatte diesen Verdacht jedoch nicht, weil die Unlust meiner Eltern, zu strafen, sichtbar und groß war. Anders in der Mitwelt des Kindes: Manchmal schien die »Jagd nach Strafe« ein wichtiges Sozialspiel zu sein, von der peer-group, d. h. den eigenen Altersgenossen, besonders grausam betrie-

* Doris Lessing, Bericht über die bedrohte Stadt . . ., in: Der Mann, der auf und davon ging, Erzählungen Band 1, Stuttgart 1979, S. 201f.

ben. Im Laufe der Zeit trat ein anderes Moment aus den Sozialspielen hervor: die Neigung auch der Erwachsenen, untereinander das Netz denkbarer Vergehen – und Sanktionen – möglichst lückenlos zu machen. Diese Neigung galt dem 15- oder 16jährigen als Moment oder Element der gesellschaftlichen Wirklichkeit. Aus den Ängsten der Kindheit herausgelöst, gewann die »Jagd nach Strafe« Objektivität. In mannigfachen Variationen zwar, und doch auf eine einfache Aussage reduzierbar, die ich, je älter ich wurde, um so häufiger hörte: »(. . .) ein Vergehen, das unter allen Umständen rücksichtslos geahndet werden muß.«

Dem 16jährigen war jedes Wort darin widerwärtig.*

Die Kontinuität zur kindlichen Erfahrung war groß genug, um einer vorzeitigen Politisierung dieses Kernsatzes bürgerlicher Realität vorzubeugen, er erschien mir nicht in irgendeiner Weise als »nationalsozialistisch«. Obwohl der grobe Ellbogen des »rücksichtslos . . .« es zweifellos war, auch nach meiner Beobachtung.

Nimmt man hinzu, daß Kinder, wenn sie ein wenig älter werden, Mitgefühl entwickeln: also das große und wohl einzig wirksame Mittel gegen die Barbarei des ». . . unter allen Umständen (zu ahnden)«, weil Mitgefühl ja immer Sensibilität für *besondere* Umstände voraussetzt und produziert; daß aber – wie immer »vergessen« – die Geschichte des Hausmeisters und der »zweiten Welt« mit Strafe, Vergehen, Mitgefühl verknüpft blieb, und daß schließlich *Gewalt* aus dem beschriebenen Kontext hervorbrechen kann, wenn auch nicht nur die Gewalt der Normalität und der Inhaber von Macht, so müßte innerhalb dieses Kontextes auch eine Wurzel einer – späteren – politischen Dissidenz zu finden sein. Nur wo?

Lebensgeschichtlich wurde soziales Lernen nach 1933 auch unterbrochen, eine Entwicklung behindert und verkürzt.

Der NS-Staat hat viele dieser Erfahrungen ja verdreht, ohne direkt an sie anzuknüpfen. Es gab *Untermenschen* – Juden, Bolschewisten (doch auch die waren jüdisch), die

* Den zitierten Satz entnahm ich nicht meiner Erinnerung, sondern dem SPIEGEL vom 13. 8. 1979; er findet sich in einem Leserbrief (S. 7).

Homosexuellen (vor allem im katholischen Klerus) und das organisierte Verbrechen (aber nur in der Weimarer Republik). Die »zweite Welt« wurde also neu zusammengesetzt und exterritorialisiert. Die wie aus dem bürgerlichen Wesen so auch aus dem Bewußtsein verdrängten Marginalisierten kamen öffentlich nur noch in den Pejorativen der NS-Propaganda vor.

Phänomene des Übergangs vom Elend zur »ersten Welt« (= Volksgemeinschaft) wurden als anständige Armut abgespalten, in voller Konkordanz mit den Ängsten der anständig Armen: Für sie gab es *Winterhilfe* und *NSV**.

In den Karikaturen der NS-Presse »sah« ich nach 1933 die Physiognomie des (bösen) Hausmeisters, ohne das zu sehen, doch an den Rändern des Bewußtseins (»fringes of consciousness«) lernte ich ein Stück weit um. Denn als ich Vertretern der »zweiten Welt« und der Armut später, 1940, wieder begegnete, erkannte ich sie nicht mehr auf den ersten Blick.** Da die Kunstwelt des Internats von gesellschaftlicher Erfahrung abschloß, fand ich erst als 18jähriger an jene kindlichen Einsichten wieder Anschluß. Doch noch im Alter von 21 Jahren mußte ich »nachlernen***« – erst danach begann ich zu begreifen.

Was begriff ich? Daß Elend produziert ist (wenngleich es auch beim homo sapiens »Launen der Natur« gibt – nicht bei allem kann man Arzt sein wollen); daß Elend das Bewußtsein der Marginalisierten nicht verschont, daß es aber unter gewissen Voraussetzungen *Freiheit* sein kann, wenn einer verwahrlosen darf. Daß eine vernünftige Betrachtung in der »zweiten Welt« und ihrer lauernden Gewalt die Leidensspur erkennen muß, die unsere erste Sozialwelt in der Geschichte hinterläßt. Und daß »Strafe« nie entproblematisiert werden darf.

Es gibt im Grunde nur zwei Antworten auf diesen Schuldzusammenhang und den Opferstatus der Täter und Marginalisierten: eine (praktisch-)religiöse und/oder eine (politisch-)revolutionäre. Beide hindern uns an der Affirma-

* Nationalsozialistische Volkswohlfahrt.
** S. 110
*** S. 144

tion, die Staat, Rechtsbewußtsein und Bevölkerung von uns erwarten. Beide Antworten haben für mich lebensgeschichtlich eine sehr unterschiedlich große Rolle gespielt, auch ihre kontemplativen Varianten.*

So hatte ich vom »Elend« und übrigens auch von Ursprüngen der Gewalt zeitig wenn auch keinen Begriff, so doch spannungsreiche Erfahrungen. Nicht so vom Proletariat. Natürlich macht ein neugieriges Kind mit Sensibilität für soziale Strukturen Ausflüge in die Verhältnisse der Arbeiterschaft. Anlaß dazu bot sich oft genug – allein über die städtische Nachbarschaft, über die Schule oder die Eltern einer Freundin. Nur erwarb ich mir dabei keine »Struktur«, phänomenal ist die Arbeiterklasse eben nur in der Fabrik, am Arbeitsplatz, repräsentiert. In den Schrebergärten, Höfen, Wohnungen und Kneipen trifft ein Heranwachsender sehr verschiedene Leute, durchaus im Plural. Und auch ein Kind, das sehr viel liest, bleibt konkret: der Zwölfjährige kam nicht auf die Idee, von den Arbeitern in einem Roman von Upton Sinclair auf die deutschen zu schließen.

Soziales (Mit-)Gefühl wuchs hier eher über den Kopf; ich erinnere an die wirtschaftskonstitutionellen Ideen meines Vaters**.

In den Kristallisationsprozeß meiner kommunistischen Identität nach 1940 sind diese frühen Erfahrungen eines erschrockenen Kindes und die etwas reiferen des Internatsschülers übrigens nicht direkt eingegangen; die Verkürzung sozialen Lernens wurde parteilich fortgesetzt. Etwa: Mit der Arbeiterklasse hatte meine »zweite Welt« wenig zu tun. Das Elend wurde bündig interpretiert, dem Kapitalismus zugerechnet; mit ihm würde es untergehen.

Im Elend gar noch Elemente von Freiheit zu entdecken, war strikt untersagt, galt als Ausdruck der geheimen Anziehungskraft der *Lumpen* auf die freischwebende, ewig kleinbürgerliche Intelligenz.

»Und was hat dies alles nun wirklich für deine Politisierungsgeschichte bedeutet?« – Für die Jahre bis 1945 wohl

* Insofern sie zum »Abwarten« einladen – zum Warten auf Gott oder auf die Revolution.

** S. 98

wenig. Für die Jahrzehnte danach: viel. Es blieb, was mein politisches Verhältnis zur Welt angeht, immer ein Rest, eine Unruhezone des nie ganz Begriffenen; eine der nicht-artikulierten Bewußtseinslagen, von denen man daran gehindert wird, sich häuslich einzurichten. Es blieb der Zweifel am Überlebenswert von »Ordnung«, von »Rechtschaffenheit«, von Karriere, und auch die Abneigung gegen unsere strafende Gesellschaft hat mich nie wieder ganz verlassen.

Auch nicht das Mißtrauen gegen alle glatten, harmonischen Darstellungen gesellschaftlicher Beziehungen.*

* Wie werden die »versunkenen Erfahrungen« bewußt? Indem wir lernen, die Rätsel unserer Lebensgeschichte im Kontext der Geschichte unserer Gesellschaft zu lösen, und zwar im Detail, und indem wir der Reflexion vertrauen, solange sie Erfahrung und Objektivität fühlbar vermittelt. Das, vor allem, ist *kritische Theorie.*

Abitur und zweite Geburt 1939–1941

Im Herbst 1939 begann mit der Eroberung Warschaus eine gesamteuropäische Agonie.

In den »anständigen Kreisen« fand man Worte der Anerkennung für die polnische Armee: tapfer, aber mit einer »unlösbaren Aufgabe« betraut!* Dumm und seriös, wie der deutsche Anstand war, glaubte er wirklich, jemand Ehrenwertes habe sie der polnischen Armee gestellt – die Vorsehung, die Nation, die Geschichte. Der *Stürmer,* die Zeitung des fränkischen Gauleiters Streicher (ein Vorstadtdämon, 1946 in Nürnberg gehängt), kam der Wahrheit näher. In der totalen Niederlage bezahlt eine primitive Rasse, stark verjudet, die Rechnung, die ihr der Arier aufmacht. Such is life. Man wußte im besoffenen Nürnberg eher als im anständigen Potsdam, daß mit der Offensive der deutschen Armee ein gesamteuropäisches Sterben von Slawen, Juden, Kommunisten, »Geisteskranken« und sexuellen Minderheiten begonnen hatte. Heydrich meldete Ende September dem »Führer«, daß die polnische Intelligenz bis auf einen Rest von ca. 3 Prozent vernichtet war. Die Geschichte, die wir 1939 mit Sieges-Fanfaren und dem Heulen der Sturzkampfbomber einleiteten, war nicht die gebräuchlich-schreckliche des Krieges. Der Krieg wälzte in den kommenden Jahren manche Ahnung nieder, die sogar der »anständige Deutsche« gelegentlich hatte: die Ahnung von einer zweiten Ebene des historischen Geschehens, für die nicht der Name einer Schlacht, sondern der eines Lagers steht, Auschwitz.

Auch in Zwickau litt die Inszenierung des Sieges in Polen als große Oper an Schwächen der Organisation. Das Propagandaministerium wollte das Reich als ein »Meer von Fahnen« sehen, als kriegerische Akklamation, aber es gab Unklarheit über den genauen Termin der »Beflaggung«. Manche Hausmeister, Amtswalter und Private hatten die

* So U. v. Hassell in seinen Tagebüchern.

Fahne schon bei den ersten großen Siegesmeldungen gehißt, andere beim Fall der polnischen Hauptstadt. Die Bevölkerung setzte versuchsweise zum Jubel an, im Sinne der Regie verfrüht. Das protrahierte Fahnenmeer verlor zum später genau benannten Zeitpunkt, dem 4. Oktober, an Effekt. Gefühle gerieten ins Stocken. »Bei dem später durchgegebenen Termin«, klagte der Sicherheitsdienst (»SD«) in einer seiner geheimen Meldungen über die Stimmung im Land, »war die Besetzung von Warschau schon so als eine Selbstverständlichkeit angesehen, daß die Beflaggung keiner inneren Hochstimmung der Bevölkerung mehr entsprach«.

Ein alternatives Milieu

Hochgestimmt war *ich* – im Gegenzug: aus einer der Zwangsgestalten des Kollektivs, dem Internat glücklich entlassen. Geschichte und Lebensgeschichte traten weit auseinander. Behütet von dieser Abstraktion, lebte ich gern.

Und nahm mir, was mir im Internat oft gefehlt hatte, Zeit. Ende Oktober stand ich, ein Flaneur, vor dem Schaufenster eines kleinen Buchladens. Vom nachlässig hochgezogenen Verdunkelungsrollo halb verdeckt lag da ein antiquarischer G. B. Shaw. Wer sich neugierig Zeit nimmt, hat meist ein Auge frei – jemand hatte sich genähert. Ich blickte interessiert zur Seite: eine Frau, alt, klein, schwarz gekleidet, mit wild vom Kopf abstehendem grauen Haar. Sie sprach mich an. In ein Gespräch über Shaw und über den Herbst vertieft, gingen wir in ihre Wohnung, rauchten und tranken große Mengen schwarzen Tees.

Wie ich im Laufe der kommenden Monate erfuhr, war meine Gastgeberin das Kind armer Leute. In den letzten Jahren des 19. Jahrhunderts hatte sie eine Schneiderlehre absolviert und die Meisterprüfung abgelegt, für ihre Herkunft ein sozialer Aufstieg, und zaghaft Interesse an Musik und Theater entwickelt. Dann hatte sie geheiratet, einen Berufs-Unteroffizier der kaiserlichen Armee. Was sie über ihre Ehe erzählte, lehrte mich ein Stück Sozialgeschichte der subalternen Klassen, aber auch die Marge für Entscheidungen, die das Klassenschicksal läßt. Denn als ihr Mann 1900 in China fiel, posthum zum Feldwebel befördert, hatte sie erleichtert beschlossen, nie wieder zu heiraten. Wirtschaftlich auf ihre Witwenrente und die Erträge einiger Kleinschneiderei gestützt, begann ihr Abenteuer in der Zeit. Bis in die späten zwanziger Jahre hinein akkumulierte sie Wissen in Volkshochschulen und im Arbeiterbildungsverein, danach wußte sie genug. Längere Zeit war sie, allein oder mit Liebespartnern verschiedenen Geschlechts, in Deutschland gereist, meist um Theater, Ausstellungen und Museen zu besuchen. Eines Tages reichte auch das. Seit 1936 verließ sie ihre Wohnung nur noch für gelegentliche Besorgungen.

»Ich harre, mich umkreist die Zeit«. Goethe mochte sie sonst nicht, er war ihr zu pompös. Sie las mir an diesem ersten Nachmittag und Abend aus Heines »Bäder von Lucca« und Gedichte des Leipzigers W. Klemm vor, den sie selbst gekannt hatte; das erste Mal in meinem Leben sah ich Bücher und Broschüren des Verlags »Die Silbergäule«. Dazu spielten wir Schallplatten auf einem Uralt-Grammophon: Marlene Dietrich zuerst, was sie auf Filme wie »Der blaue Engel« brachte. Das Filmprogrammheft lag in einer der vielen Kommoden. Als ich im Morgengrauen nach Hause ging, hatte ich einen Stapel gefährlicher Bücher unterm Arm, darunter wahrscheinlich den *Untertan* von Heinrich Mann. Jedenfalls las ich ihn in diesen Tagen.

Ihre Kulturdepots waren unerschöpflich. Musik: Aufnahmen aus der »Dreigroschenoper« – für mich der Auftakt zu einer lebenslangen Liebe; Arbeiterlieder, darunter ein verkratztes Single mit der »Internationalen« (die ich nur selten, nur nachts, nur leise spielen durfte); die »Comedian harmonists«, politische Cabarets wie die »Vier Nachrichter« (und sie wußte genau, was nach 1933 aus den Vieren geworden war); Paul Robeson, Louis Amstrong und Tanzmusik aus der Weimarer Zeit. In den hohen, meist offenen Bücherregalen entdeckte ich im Laufe weniger Monate die ganze *verbotene Literatur:* Juden, Tschechen, Russen, Romane aus der »Systemzeit«, Franz Blei, M. Lichnowski und Arnold Zweig, Gedichte des Expressionismus. Die Galerie von Herwarth

Walden in Berlin hatte sie oft besucht, den »Sturm« zeigte sie mir bald: was Malerei anging, war ich allerdings durch die NS-Ausstellungen über »Entartete Kunst« schon belehrt. Sie war überrascht, daß ich – aus der Bibliothek meines Vaters – Tucholsky oder die Zeitschrift »Der Querschnitt« schon kannte; ich stürzte mich auf Bücher, von denen ich nur vom Hören-sagen wußte, daß sie existierten: so auf psychoanalytische Almanachs und zwei Bücher von Sigmund Freud.

Und das war kein Museum einer vergangenen Zeit, wo nach dem fünfzigsten Exponat der Rücken schmerzt, wir haben sie gesprächsweise verlebendigt.

In den Schubladen fanden sich Stöße von Theaterprogrammen, meist aus Berlin, darunter einige von Piscator – wer war das? Ich wurde darüber belehrt. Auch über Theaterkritiker. Ich entdeckte Streikaufrufe, Flugblätter, Zeitungsausschnitte, Wahlzettel, sogar von KPD und SPD, tief unter Papierstößen vergraben; Fotos, Exemplare der »Weltbühne« und alte astrologische Kalender der Weimarer Zeit.

Meist kam ich nachmittags und verließ die *Bude*, wie wir die kleine Wohnung nannten, nicht vor 2 oder 3 Uhr in der Frühe. Manchmal verging die Nacht bei Tee und Gespräch. Ohne Büchertasche lief ich übernächtigt zur Schule. Bei Pawel Lenk – emanzipiert und russophil, wollte sie den Namen »Paula« nicht hören – lernte ich die ersten lesbischen Frauen kennen, Leute wie wir, und einmal einen Seemann, der mystische Schriften las, von denen es in den Bücherschränken mehrere gab. Wo keine Bücher standen, waren die Wände von Bildern bedeckt – unzählige, oft schon vergilbte Fotografien, Zeichnungen, bemalte Zettel, einzelne Plakate. Zu allem wußte sie viel zu erzählen. Das waren Geschichten, da wurde Geschichte praktisch, ein Medium unserer Existenz.

Jedes *Budenkind*, von denen es seit dem Ende des 1. Weltkrieges ein gutes Dutzend gegeben hatte, hatte sie zeichnen oder malen müssen, und fast alle waren für sie verschollen; irgendwann aus dem künstlichen Licht gewandert, den Gesprächen und endlosen Tees, mit früher oder später abgerissenem Kontakt – nie hörte ich ein Wort des Bedauerns darüber; alles hat seine Zeit, und keinen Tag mehr.

Bildungsprozesse, Glück und Identität sind auf kulturelle

Objektivationen und auf menschliche Beziehungen angewiesen: es gibt sie nur als vermittelte. Im NS-Staat waren die Sachen wie die Beziehungen unvollständig und korrumpiert. Und nicht nur, weil er Themen, Namen und Gegenstände aus den Unterrichtsplänen und aus der Öffentlichkeit entfernt hat oder Bücher und Partituren ausmerzen ließ; es blieb ja viel – Heinrich v. Kleist, die Klimatologie der Steppe, J. S. Bach, um nur drei beliebig gewählte Beispiele zu nennen.

Es gab schulische Bereiche qualifizierter Bildung (und Filme, die zu sehen gelohnt hat). Nicht einmal im Geschichtsunterricht hat »Mein Kampf« die Ergebnisse der bürgerlichen Forschung ganz verdrängt, was am Konservatismus jedes Bildungssystems liegen mag. Und die oft wiederholte Behauptung, das Lernen »aus Büchern« sei immer zweitrangig gewesen, dem physischen Training und der Bildung des Charakters nachgeordnet, beurteilt den Nationalsozialismus nach dem, was er über sich selbst gesagt hat. Es ist wahr: mit dem altsprachlichen Gymnasium verlor die gesammelte klassische Bildung ihren hohen Ruf, meine Oberrealschule galt ebensoviel. Die Ideologisierung der Bildung wurde überall spürbar, aber – in meiner Erfahrung – am stärksten in den Paraphrasen über den bürgerlichen Kern des Fachunterrichts; besonders stark war die Faschisierung der Pausen. Vielleicht habe ich Glück mit meiner Schule gehabt.*

Die Propagandaschlachten, die der NS-Staat inszenierte, und der ideologische Druck auf den Schulunterricht müßten sich auch in meinen schulischen Lebensäußerungen abgezeichnet haben – aber wo? Im Aufsatz nicht. Als Obersekundaner brütete ich über dem »Kaufmann von Venedig«, ein »echtes Renaissancedrama« (ein furchtbares Thema, wie

* In der Biologie z. B. war die Rassenlehre ein Lehrinhalt, der eine vorfaschistische Unterrichtung »ergänzte«, in sehr wenigen Stunden, und nicht etwa das Prinzip, das alle Darlegungen begründet hätte. Es mag sein, daß unsere Lehrer von ihr auch nicht mehr wußten, als in den Zeitungen und Aufrufen stand, oder daß sich der vorgefundene Inhalt der Biologie von der »Rassenlehre« gar nicht durchdringen ließ.

Im Deutschunterricht zeigte sich die NS-Interpretation als oft merkwürdig schwach gegen das behandelte Material. Es gab die NS-These; war sie einmal gesagt und dick unterstrichen, konnte der Sach-Unterricht weitergehen.

es in Weimar, ja unter Kaiser Wilhelm II. auch schon gestellt worden ist); ich fand heraus und behauptete, der Jude Shylock sei der einzige echte Renaissancemensch im ganzen Stück, das war eine Fünf. So wurde ich vorsichtig. Als Primaner vor die Wahl gestellt, entweder über die »Reichsautobahnen« als »Straßen des Führers« zu schreiben oder über die Frage »Worum geht es in diesem Krieg?«, wählte ich das zweite Thema; ich durfte sagen, es ginge – eigentlich! – um eine Auseinandersetzung zwischen dem Materialismus des Westens und dem Spiritualismus des Ostens, und Deutschland habe beides zu vermitteln, was Goethe und den »West-östlichen Divan« in den Aufsatz brachte – das war eine Eins.

Jedoch eine »Archäologie des Wissens« fehlte, der historische Kontext der Gegenstände war teilweise zerstört, und so blieb am Lernen immer ein Rest von Täuschung zurück. Auch der Schatten eines Rätsels: als gälte es, den Stand der Gestirne bei verdecktem Himmel zu bestimmen.

Und doch lag das Zerstörerische nicht in der Willkür, mit der der NS-Staat mit kulturellen Objektivationen umsprang. In seinem Milieu veränderten sich die Beziehungen der Menschen zu möglichen Objekten der Aneignung und Entäußerung selbst. Es ist nicht leicht, diese Veränderung abstrakt zu fassen. Gewiß, aus den intellektuellen Prozessen der Zeit schwand der zeugende Widerspruch zwischen der objektivierten Kultur, die Menschen rezipieren, und ihrer Reflexion (in der sich ja ein Stück Spontaneität ausdrückt, weil Reflexion das Vorgefundene eben nicht bloß hinnimmt). Das schwierige Verhältnis von Parteilichkeit und Wahrheitsanspruch – das, wo wir uns ihm stellen, die Komplexität des Denkens erhöht – wurde in Propaganda, Terror und Technizität aufgelöst. Das Antreffbare und das Gewollte: das dem Willen des Führes gemäß Entworfene, waren dem Wesen nach identisch, die »Realität« nur eine Emanation des Völkischen. Es gab freilich Gegenmächte, von denen die Realität entstellt, »unwirklich« gemacht worden war; was sich an sozialen Tatsachen dieser Identität nicht fügte, wurde auf die eine oder andere Weise unschädlich gemacht. Ausrottung produziert die volle Wirklichkeit. Nun entstand so gewiß eine Art von Kulturheuchelei, es gab inoffizielle

Ebenen des Gesprächs – bis hinunter in den gemütlichen Dunst des Biertisches und hinauf bis zur halbprivaten Rede der Philosophen, aber auch diese Ebenen waren vom Privatwahn geschlagen; so daß als Stätte einer Realitätsprüfung nur der Diskurs der Wissenschaften blieb, aber der enthielt sich einer die engsten Grenzen des Fachs überschreitenden Intelligenz. Und Angst oder Selbstzensur, wie wir sie heute verstehen, wären noch aufgeklärt gewesen: im NS-Staat wollte der Bürger die Einschränkung, eine entproblematisierte Erde, oder stotterte aufgerissenen Auges über seinen eigenen, gelegentlichen Protest hinweg.

Wir hörten in der HJ, die nationalsozialistische Revolution habe an die Stelle des Truges der »gebildeten Persönlichkeit« die triumphierende Gestalt des wirklichen, d. h. durch Blut und »geschichtliches Schicksal« bestimmten deutschen Menschen gesetzt, damit eine völkische »Erziehungsordnung«. (Im Alltag ging es bescheidener zu.) Gewiß ist, daß diese Revolution ein Volk mit historisch verminderter gesellschaftlicher Erfahrung traf, und daß die Berührung von Lebensgeschichte, Alltag und Kultur äußerlich wurde bis zu Hohlheit auch von artistischer Leistung und Wissenschaft. Es gab Wissenschaft, aber sie bewirkte nichts, was den einzelnen lebensgeschichtlich anging; es gab »große« Kultur als Objektivation, aber sie blieb beliebig, austauschbar.

In diesem Milieu war Pawel Lenk ein glückliches Abseits, *sie* war – für mich – das »Ereignis«. Man konnte im NS-Staat nur als outsider Erfahrungen machen. Unser Verkehr über den angehäuften Reichtum war zwar ein großes Stück weit offenes Gelände. Aber: es war nur von uns betretbar.

Nicht also die vom NS-Staat verbotenen Bücher waren das Ereignis – nicht einmal Lion Feuchtwangers »Erfolg« oder eine Broschüre der KPD, sondern unsere Gespräche darüber: »Kultur« nicht als Objektivation, sondern als ein Medium, in dem Erfahrungen und Sehnsüchte endlich groß und mitteilbar werden.

Nicht alles war übrigens ganz geheuer. Pawel lehrte mich die Kunst der Handschriftendeutung, des Handlesens und der Kartenschlägerei – das letztere halbironisch, sie verdiente sich etwas Geld damit und wußte, wie man es macht.

Prentice Mulfords »Unfug des Sterbens«, ein billiger US-Mystiker, lag neben einer schönen und schweren Kwannon und einem gedrechselten Bhudda auf einer breiten Konsole. Dort stand noch ein großer, staubiger Kunstblumenstrauß, mit dem es irgendeine sentimentale Bewandtnis hatte.

Die Nazis existierten für sie nicht; auch dies erschien mir nicht ganz geheuer. Über meine Berichte »von draußen« schüttelte sie mit herrischer Gebärde den Kopf, aber die Gebärde gelang nicht ganz. »Die Leute« allerdings, die sie nicht mochte, die existierten: als Kundinnen der kleinen Ein-Mann-Schneiderei, die in der Ära der Kleiderkarten florierte.

Wir hielten es 1939/40 beide für möglich, daß Hitler den Krieg gewinnen könnte; vor allem nach dem raschen Zusammenbruch Frankreichs im Frühsommer 1940. Was tun? Sie hoffte, vorher zu sterben – sie war sehr alt, und der Krieg würde lange dauern. Und ich? Diese Frage mochte sie nicht.

Während sie an der Nähmaschine saß, an aktuellen Nachrichten wenig interessiert, hörte ich an ihrem kleinen Volksempfänger nach dem Sieg Hitlers in Frankreich die Lobrede des sächsischen Reichsstadthalters Martin Mutschmann, eine finstere und dumme Figur. Er leitete die Niederlage des Gegners aus dessen Rassenmischung her: Neger und weiße Frauen auf den Boulevards von Paris Arm in Arm! Sie suchte mir daraufhin Aufnahmen schwarzer Tänzerinnen heraus, und ich uns die *Fleurs du mal.*

Die Geburt der Politik

Ich hielt das alternative Milieu im Hinterhaus lange für den Ort meiner zweiten Geburt. Das war ein Mißverständnis. Wenn wir auch manchmal bei Goethe Anspielungen auf transzendentale Ursachen unseres Einvernehmens zu finden hofften:

> »Ach, Du warst in abgelebten Zeiten
> meine Schwester oder meine Frau«,

so meinten wir das nicht allzu ernst. Pawel Lenk, das war kein »wiederholtes Erdenleben«. Es war der Ort, wo ich meine erste Geburt endlich abschließen konnte, von Schule und Öffentlichkeit ungestört.

In dieser Umgebung führte ich meine Freundin Inge B. vor, doch der Betrieb war ihr zu fremd und sie uns nicht esoterisch genug. Inge nahm mich aber zu ihrer Tante mit, »komische Alte« am Theater, in der Stadt bekannt und beliebt. Das sprach sich herum, in der Schule wurde ich beneidet und angestarrt. Hildegard B. war eine glühende, leicht outrierte Antifaschistin – ein großes Spektakel. Probritisch gesinnt, hörte sie selbst klassische Musik nur von britischen Sendern. Also: von Rauschen und Knacken, vom »fading« gestört. Während ich bereit war, des reineren Klanges wegen den Deutschlandfunk anzudrehen, um dafür gescholten zu werden. Sie nötigte mich bei unseren Besuchen, Englisch zu sprechen, so daß ich mich bald nach einer Entlastung umsah.* Ihre Kenntnis über die Kriegslage bezog sie ausschließlich von ausländischen, d. h. britischen Sendern. (Die abzuhören, war durch eine Verfügung über außerordentliche Rundfunkmaßnahmen vom 1. 9. 1939 verboten). Binnen kurzem war ich gut informiert und mußte in Schule und Öffentlichkeit beginnen, vorsichtig und zurückhaltend zu sein. Ich lernte das so rasch wie nötig, also sehr rasch. So hob sich die »behütende Abstraktion«.

Sie hob sich noch in anderer Weise. Eines Tages, bei sächsischem Kaffee und Kuchen, in Sesseln, die meinen Geschmack beleidigten, lernte ich bei Hildegard B. zwei Ärzteehepaare kennen. Neugierig erst, vorlaut, mit der lustvollen Bereitschaft, das *enfant terrible* jeder Szene zu sein, dann – mit wachsender Leidenschaft – gebannt, wurde ich schließlich fast stumm. Das fiel auf; hatte ich mich verliebt? Elfriede H., Zahnärztin, war in der Tat reizvoll und glänzte mit Zynismen. Ich wich ihr sozusagen nicht von der Seite, und als sie – bei einer anderen Gelegenheit, nur wenige Tage

* Ich brachte meinen Vater mit, der annähernd zweisprachig war. Die beiden sprachen und lasen englisch miteinander. Später heirateten sie, und in den letzten sieben Jahren seines Lebens nahm sie ihn gelegentlich mit auf die Bühne: als Dorfrichter Adam in Kleists »Zerbrochener Krug« war er anscheinend ein Erfolg.

später, in einem ähnlichen Kreis – spät am Nachmittag fragte, ob jemand Lust habe, sie jetzt nach Hause zu bringen und ihr beim Kochen fürs Abendbrot zu helfen (ohne jemanden bei dieser Frage anzusehen), sagte ich sofort »ja«. Ich wußte, daß diese Frage nur für mich gestellt sein *konnte;* mit der trunkenen Gewißheit, die wir haben, wenn die Götter uns ein *kairos* spenden; ein, weil es der Wille der Götter ist, notwendigerweise untrügliches Glücksversprechen.

Aber was mich trunken machte, war der Geist und der harte, realistische Kern ihrer brillanten Zynismen. Was da zersetzt wurde, an Bürgertum, an Ordnung, an Moral, war schon zersetzt: von materiellen Interessen und ihrem ideologischen Schleier. Wenn ich sage: ein »harter« Kern, so gibt das genau das eigentümlich Spannende, ja Ergreifende dieser Gespräche wieder. Natürlich kannte ich längst die Lust des Agonalen, das Gespräch, in dem entlarvende Schlagfertigkeit einen kurzen Ruhm begründet, und dessen Rang, ja Erträglichkeit doch von anderen Dingen abhängt; etwa von der Bedeutung, die der eindringenden und erkennenden Sprache, die der Interpretation von den witzig Streitenden eingeräumt wird. Aber bei meiner Gastgeberin – mit der ich bald in der Küche stand, Gemüse putzend – lag darin noch eine für mich neue Ungeduld: die Ungeduld dessen, der über die »Interpretation« hinaus will, weil ihm eine genaue Matrix gesellschaftlichen Handelns vorschwebt. Sie appellierte an mich – unausgesprochen – als an jemanden, der *tätig* sein soll, und wenn ich sage: ich verliebte mich damals in Politik, so wäre das nicht falsch. Ich entdeckte mich als politischen Menschen.

Wenige Tage später suchte ich Elfriede H. in ihrer Praxis auf, ein nach menschlichem Ermessen abhörsicherer Ort. In dem mehrstündigen Gespräch vollendete sich meine »zweite Geburt«: Es bestimmte meine Lebensweise für die folgenden zehn Jahre, von einigen Haltungen, die ich 1940 erwarb, habe ich mich sogar erst fast dreißig Jahre später getrennt. Andere sind mir bis heute geblieben.

Frau H. war Kommunistin, als sehr junges Mädchen politisiert, und hatte einige Jahre in Prag gelebt – es war ein Prager Intellektuellen-Kommunismus, der sie in den späten zwanziger Jahren geprägt hatte. Im Unterschied zu ihrem

Mann, der stärker die deutsche Parteilinie vertrat, neigte sie zur linken Opposition; namentlich in Fragen der Kultur und Kulturpolitik.

Mit ihr zusammen traf ich wenige Monate später unter Sicherheits-Vorkehrungen mit einem alten Mitglied der »Roten Gewerkschaftsopposition« (RGO) zusammen, ein weißhaariger Mann, der erst vor kurzem aus dem Zuchthaus entlassen worden war.

So begannen meine Kontakte mit der KPD, nicht einmal ein Jahr nach dem »consilium abeundi« und dem Ausschluß aus dem Internat. Das war ein Sprung in eine veränderte Zeit. Mitten im NS-Staat, der als ewiger auftrat, fand ich eine Zukunft, die nicht nur den Faschismus, die auch Kindheit und Jugend auf eine denkbare gesellschaftliche Praxis hin überschritt. (Daß es kein offenes Gelände mehr war, auf das hin ich den NS-Staat transzendierte, war nicht zu erkennen, jedenfalls nicht für mich.) Zunächst erfuhr ich, was Freiheit politisch einläutet: eine realitätsmächtige, »materiale« Interpretation, die mit dem Rätsel der eigenen Lebensgeschichte zugleich die Rätsel der Gesellschaft und ihrer Geschichte löst. Der Himmel war nicht mehr bedeckt. Der Stand der Gestirne war genau und nüchtern zu bestimmen.

Ein ›Ghetto‹ wird verlassen.

Was ich gerade den »Sprung in eine veränderte Zeit« genannt habe, erschloß dem Bewußtsein des Achtzehnjährigen den Boden, auf dem er fast ohne Rückhalt Fuß fassen durfte.

Auch akkumulierte Außenseiter-Instinkte, die Lust am »Abseits« schließen soziale Bedürfnisse nicht aus. Ich wäre doch gern in einem Netzwerk sozialer Beziehungen verankert, gern ein Gleicher unter Gleichen gewesen, aber dieses Bedürfnis blieb schon wegen des bloß affirmativen Charakters der Verkehrsformen im NS-Staat unerfüllt. Ich habe zwar als Kind die Verheißung gespürt, die in seinem antibürgerlichen Gestus für einen Heranwachsenden liegen konnte, aber auch zeitig gelernt, wohin die Verheißung führt: in ein darwinistisches Milieu, in die (nach-)bürgerliche Gesellschaft als moralisches Tierreich. Und gerade ein Kind mit Außenseiter-Instinkt, das sich am räuberischen Charakter faschistischer Beziehungen nicht stoßen muß, wird von ihrer Kälte und Sentimentalität, von ihrer Neigung zur Bürokratie, also zur verwalteten Gemeinheit, und von ihrer Dummheit nachhaltig desillusioniert.

Jedoch: auch die nicht-faschistischen Beziehungsnetze der Kindheit und Jugend im Alltag des Großstadtkindes und in der Verwandschaft wurden von kulturellen Normen geprägt, die nicht wenig borniert gewesen sind. Mittelständisch, christlich oder »kleinbürgerlich«: affirmativ und kleinlich waren sie allemal. Und offensichtlich waren sie schwach. Meist boten sie wenig Schutz vor den Zumutungen der nationalsozialistischen Öffentlichkeit. Auch ein Kind nimmt diese Lage seines Gemeinwesens nicht einfach hin, sondern nimmt sie wahr – jedenfalls wenn es nicht von Erziehung und Unterricht davon abgehalten wird. Warum sollte gerade Schwäche der Erwachsenen in einem Kind Mitgefühl auslösen? Eher Unruhe und Feindseligkeit. Und Trauer, die dazu wenig zu passen scheint, weil sie an Hoffnung, an Menschlichkeit festhält. Woher nimmt ein Kind Hoffnung? Ich weiß es nicht. Sie ist ja etwas ganz anderes als Wünsche, die jeder erklärbar hat.

Gewiß: Freundschaften – als kleine, imgrunde träumerische Zirkel, vom Glanz der Identitätsfindung erhellt – und nicht-definierte Beziehungen zu Älteren, in denen es interessant und aufklärend zugeht, waren immer möglich. Gab es nicht sogar Pawel Lenk? Aber die noch so beglückende Inklusion á deux, und wenn sie mitten im NS-Staat die von ihm barbarisch zerstörte Kultur in der Nußschale aufbewahrt, bleibt ein gemeinsamer Ausschluß – in den Bezeichnungen von heute: ein alternatives Milieu.

Erst jetzt, im Verkehr mit Antifaschisten, von denen jeder auf seine Weise durch Beruf und Status sozial integriert und doch Opposition war, alternativ, aber praktisch, wurden meine sozialen Bedürfnisse erfüllt. Was uns von der Bevölkerung im NS-Staat trennte, waren nicht mehr die von innen buntbemalten Mauern des Ghettos. Es war eine Sperre der

»Kritik im Handgemenge«, also nur ein Ausfluß der Machtverteilung in einer zum Untergang bestimmten Diktatur.

Eine neue Abstraktion. Gesellschaft, als der solidarische und vernünftige Verkehr, das waren wir – als verschwindende Minderheit in einer Volksgemeinschaft, die vor der Vernunft nichts war und vor der Geschichte ein Skandal. Wir waren, stellvertretend, von der *Klasse* (dem Proletariat) noch isoliert, *alles;* der NS-Staat nur das übermächtige, militärisch gerüstete *Nichts.*

Ich hatte bei der Schauspielerin Hildegard B. ein zweites Arztehepaar kennengelernt. Demokraten wie mein Vater, aber – vor 1933 – politisch organisiert und Mitglieder ich weiß nicht mehr welcher bürgerlichen Partei; nach ihrer Berufserfahrung Sozialmediziner, wie wir sie heute nennen würden. Dank der ärztlichen Vertrautheit mit den proletarischen Lebensverhältnissen und dem ständigen Kampf mit der staatlichen Versicherung, der Sozialfürsorge, dem Wohlfahrtsamt, teilten sie mit meinen kommunistischen Freunden die Kritik an Ausbeutung und faschistischem Staat. Sie, praktische Ärztin, vor 1933 Landtagsabgeordnete ihrer Partei, trank; sie litt unter der faschistischen Diktatur, ihrem Haß und unter der eigenen Ohnmacht. Er, nach 1933 als Amtsarzt entlassen, erledigte für beide Praxen die Verwaltungsarbeit und saß oft bis tief in die Nacht über den Abrechnungen.

Frau Th. hielt nicht viel von der kommunistischen Politik und wenig von der Organisation, der KPD; sie war, was die Arbeiterschaft anging, gewerkschaftsorientiert, im übrigen eine Laienhistorikerin von Rang; über Geschichte sprach sie lieber. Von ihr lernte ich in wenigen Monaten mehr über Bismarck, seine Sozialgesetzgebung und Einigungspolitik, als jemals in der Schule. Oder über Friedrich II. von Preußen, den sie nur Friedrich den Krummen nannte. Von der Frauenemanzipation ganz zu schweigen: sie besaß Literatur, Briefe und Biografien und war Frauenrechtlerin.

Die eigentliche Bedeutung der Familie Th. lag für mich in einer – unausgesprochenen – Warnung. Überpointiert: hatte ich kommunistisch gelernt, den Stand der Gestirne bei nun klarem Himmel zu bestimmen, oder blieb da ein Stück Astrologie?

Frau Th. und ihr Mann lebten ihren Beruf im Alltag der subalternen Klassen, rationalistisch, hilfsbereit, mit starker parlamentarischer Bindung; und sehr weit davon entfernt, sich als ein *tiers état* des 20. Jahrhunderts zu verstehen. Waren wir, im befreundeten »kommunistischen« Haus, eine Viertelstunde Fußwegs vom Haus der Th.'s entfernt, nicht sächsische Jakobiner?

Ich war mir des Abstands bewußt, der mich von meinen kommunistischen Mäzenen noch trennte. Aber schon in der Annäherung an sie lag ein usurpatorisches, abenteuerliches Moment. Wir hatten uns von unserer Klasse losgesagt, ein Verrat mit Konsequenzen. Das setzte den »Antifaschismus im Wildwuchs« nicht linear fort. Ich war nun eine Art von Parteianwärter für das Proletariat. Wer war das und wo?

Was uns die Schule über Geschichte und Klassenbewußtsein beigebracht hatte, war wenig und trug zu deutlich Zeichen der überwältigenden Unwahrheit, als daß ich meine Erfahrungen, Stimmungen oder Bewußtseinslagen hätte darin organisieren können; genauso wenig wie die Vielzahl von Kenntnissen, die man sich nebenher erwarb. Dagegen war, was ich aus Gesprächen, Büchern, Zeitschriften in den vergangenen Monaten marxistisch gelernt hatte, ohne Zweifel wahr; der Index des historisch Gültigen war unverkennbar. Wir sind gewiß im Recht, wenn wir Wahrheit an ihren Folgen messen: der junge Intellektuelle also auch daran, ob eine Theorie die »Bruchstücke seiner großen Konfession« überzeugend ordnet und zusammenfaßt, und dabei überwältigend *neue* Einsichten produziert.

Aber muß, was wahr ist, nicht auch stimmen?

Die »kämpfende Klasse« der Weimarer Republik war zwar verbürgt. Daß wir uns 1940, was die Entmachtung der deutschen Bourgeoisie anging, auf die Bajonette der »Feind«-Staaten angewiesen wußten, war noch nicht das Problem, es gab Antworten auf diese Frage. Aber ein Problem war die These von der Komplizenschaft der Deutschen mit dem Faschismus. Für mich war sie keine »These«, sondern eine unabweisbare Erfahrung. Ohne sie hätte der NS-Staat nie jene Übermacht erreichen können, die ihn im

Inneren des Landes unbesiegbar machte. Da half nur die Kapitulation: Deutschland mußte gezwungen werden, sich den Siegern auszuliefern (»unconditional surrender«). Auch Frau H. galt der NS-Staat nicht nur als der reaktionäre Ausweg der (Finanz-)Bourgeoisie aus der Krise der kapitalistischen Herrschaft, sondern als ein radikalisierter deutscher Obrigkeitsstaat. So war auch der Faschismus der »kleinen Leute« wie der des Bürgertums Tradition.

Damals setzten positive Beziehungen zum eigenen Volk positive auch zum Faschismus voraus, oder doch zu den »ewigen Quellen deutscher Nation«, aus denen der NS-Staat Unrecht schöpfte wie Wasser. Aber kann es denn eine positivere Beziehung zum eigenen Volk geben, als die Erwartung einer proletarischen Revolution? Man macht seinem Volk damit immer ein Kompliment.

Ich konnte die Lösung des Widerspruchs zwischen Theorie und Erfahrung, auch: zwischen dem Ruhm der KPD aus der Weimarer Zeit, dem anfänglichen Widerstand nach 1933 und unserer Faschismusthese nicht in den »korrekten« Erklärungen finden, die meine Freunde mir gaben.

Es gab für die Auflösung solcher Widersprüche eine Theorie – ich sollte richtiger sagen: einen (gesprochenen) Schulungstext. Er schrieb die beobachtete Komplizenschaft der Deutschen mit dem Nationalsozialismus um: in die – selbstgewählte – Abhängigkeit des Kleinbürgers von bürgerlicher Herrschaft, einer sozialen Schicht, die sich gegen ihre objektive Proletarisierung sträubt; in die – nicht selbstgewählte – Abhängigkeit großer Teile der Arbeiterklasse von einer verräterischen SPD-Führung. Dahinter stand das Finanzkapital. Es war vor allem der Zahnarzt Dr. H., der mich über die Sozialfaschismusthese der KPD unterrichtete.*

Und der deutsche Obrigkeitsstaat, die Erziehungs- oder Bildungstradition, der Volksschullehrer, die deutsche Mutter, die bürgerliche Moral – standen *die* nicht »dahinter»?

* Was ich schon damals über die Geschichte der Arbeiterbewegung lernte, was erst in den Jahren nach 1945, weiß ich nicht mehr genau zu trennen. Doch gehörte neben dem »Sozialfaschismus« der SPD auch die Kritik an Brandler und das Lob Thälmanns zu den Themen meiner frühen Informationen über den Kommunismus.

Unvermittelt standen zwei Erklärungssysteme nebeneinander, und unvermittelt blieben sie auch in mir, mit dem Schulungstext als Pflichtteil.

Überwunden war die Konkurrenz der Erklärungssysteme für mich in unserem Entwurf von Umwälzung, von gesellschaftlicher Praxis – in ihm verschwand das ganze Problem. Kommunistische Praxis konnte nur elitär, nur in der Form von Diktatur gedacht werden, d. h. als Intervention gegen die überwältigende Mehrheit des eigenen Volkes. Jedoch: als Komplize des Faschismus stellte das Volk sich uns dar, zugleich empirisch und abstrakt; in den Berichten der beiden demokratischen Ärzte erschien es als unpolitisches Opfer. Und ich spürte, während ich, noch ungelernt, die These von der Diktatur der *Partei* vertrat (denn vom »Proletariat« war, wie gesagt, vorläufig nicht zu reden), daß da ein unaufgelöster Rest blieb, der sozusagen zwischen den Zeilen unserer Debatte umging. Dieser Rest war ich.

Zwar: zur »Partei« konnte ich mich viel besser zählen als zum »Proletariat«. Aber ich hatte eine fast zum Instinkt gewordene Abneigung gegen Macht und Befehlsverhältnisse erworben, die eine diktatorische Praxis ausschloß – oder mich von ihr.

Der Traum von einer kommunistischen Staatlichkeit, der in unseren Diskussionen umlief, war für mich – teilweise – ein Alptraum, wenngleich immer mit Faszination gemischt. Beides verschwieg ich. Wahrscheinlich gab mir gerade dieses Verschweigen das Gefühl, mit einem Male als organisierter politischer Kopf ein Abenteurer zu sein, der ich vorher, als »Anarchist im Wildwuchs«, für mich nicht war. Im übrigen war die Autorität der erkannten Wahrheit sehr stark, auch das Prestige ihrer verfolgten Vermittler. Ich empfand mich, nicht unsere Auffassungen, als defizitär, und darin lag ja auch viel Richtiges.

So war ich zur Disziplin entschlossen. Und zum sacrifizio dell'intelletto, ohne diesen Begriff zu kennen oder die historische Realität, die er meint. Die Partei würde – künftig – unser Erkenntnisorgan, die »Matrix gesellschaftlichen Handelns« sein. Und bald erschien mir die künftige Diktatur der Partei als erzwungene Fortführung des Krieges. Wir hatten gar keine Wahl.

Vier Jahre später saß Elfriede H. im Zuchthaus Bruchsal, verurteilt nach dem Gesetz gegen heimtückische Angriffe auf Staat und Partei. Ich befand mich auf einer lebensgefährlichen Flucht. Und beide rettete der Vormarsch der amerikanischen Armee (und unsere Geschicklichkeit, jede Chance zu nutzen). Der Arzt Th. war in seiner Praxis durch quälende Kontrollen behindert, und wer den Sadismus der Nationalsozialisten kennt, weiß, daß das schlimmer sein konnte als ein Berufsverbot.*

Auch Hildegard B., die Schauspielerin, war — 1944 — ernsthaft gefährdet.

Uns hatte sich auf verschiedene Weise eine Chance eröffnet, gegen den NS-Staat tätig zu sein, das Abstrakte unserer Lage in praktischem Widerstand zu überwinden. Auf abenteuerliche Weise hatte ich am »Widerstand« teilzunehmen gelernt, und wenn auch nicht an der Seite der KP, so doch in persönlichem Kontakt mit ihr. Das Friedensangebot an das eigene Volk, das in dieser Teilnahme lag, war — und blieb — unversöhnlich, weil untrennbar von tiefer Abneigung gegen die Komplizen eines historischen Verbrechens. Wer diese Abneigung hat, behält sie ein Leben lang; auch wenn er sie, wie ich nach dem 8. Mai 1945, für einige Jahre vergißt.

* Er hat den Krieg nicht lange überlebt.

Das Abseits in der Krise 1940/41

Der Erfüllungsgehilfe

Zwischen der Erschießung hoher SA-Führer im Sommer 1934 und dem Jahr der »Bereinigung« der deutsch-österreichischen und der böhmischen Frage, 1938/39, holte die Gewalt Atem. Am Ende dieser Periode scheinbarer Beruhigung waren vier Fünftel aller überhaupt organisierbaren *künftigen Männer des deutschen Volks* in der Hitlerjugend (oder im Jungvolk) organisiert. Die hatte sich vom geliehenen »Geist Potsdams«, von *Stechschritt und klingendem Spiel* inzwischen entfernt, auch von der »jungen Bewegung«, die sich mit Pfadfinderei, mit Idylle und Volkslied noch manchmal vertrug.

Nur ein ausschöpfbarer Rest an Heranwachsenden war unorganisiert geblieben. Im Frühjahr 1939 erließ Hitler ein Gesetz, das die Mitgliedschaft in der »Staatsjugend« zur Pflicht machte. Die Öffentlichkeit nahm es hin oder hat es begrüßt. Wer interessiert sich in Deutschland schon für Kinder. Hatte die Verordnung Sinn? Vielleicht war sie auch nur Ausdruck der Leere einer Diktatur, die einst davon lebte, sich Gesellschaft anzueignen, und die jetzt bloß mechanisch nach Lücken für einen »revolutionären Verwaltungsakt« suchte.

Ich entnahm irgendeiner längst vergessenen Quelle, daß es in höheren Parteikreisen – und bei Wirtschaftsführern – eine Sorge vor der »Verwahrlosung« bei deutschen Jugendlichen gab. (Sie hat dem Minister Kerrl, einem geschätzten evangelischen Christen und Obernazi, sogar Argumente für die Beibehaltung des Religionsunterrichts in den Schulen geliefert.) *Ordnung* vermittelt zwischen Idyll und Grauen.

Wir machten uns einen anderen Reim. Sinn ergab die neue Verordnung nur, wenn man sie als flankierende Maßnahme für die Organisation des Krieges las: Väter, Männer würden bald knapp, die Mütter, Frauen in Rüstung und Verwaltung benötigt werden, die Kontrolle der Jugend war daher erschwert.

Die »Durchführung« des Gesetzes lag in den Händen von Polizei und HJ. Nichtorganisierte Jugendliche wurden im Frühjahr 1940 registriert und mit einem großen Appell — einem Massenaufmarsch unter Führung der HJ — über ihre künftigen Pflichten belehrt. Dies war, jedenfalls in Sachsen, sogar die einzige Konsequenz, die das neue Gesetz für sie gehabt hat. An ihre Pflichten erinnert wurden bei dieser Gelegenheit säumige Mitglieder der Organisation. Man forderte sie schriftlich dazu auf, zum Einsatz pünktlich zu erscheinen; auch mich.

Ich hatte meine Mitgliedschaft in der HJ schon fast vergessen, im Kopf den Realitäten des NS-Staats weit voraus. Eine luxuriöse Ungleichzeitigkeit, und doch nicht ohne Stützpunkte in der Realität. Mein 18. Geburtstag war in Sicht, und damit das amtlich vorgesehene Ende für den Dienst in der HJ. Schul- und Wohnungswechsel hatten mich den früheren HJ-Lokalen entrückt*. Und Deutschland befand sich seit einigen Monaten im Krieg: der Wehrdienst begann, in der Wirklichkeit wie in der Phantasie, alle anderen Formen unserer erzwungenen Teilnahme an »Staat und Volk« zu verdrängen.

* Ich hatte mich dem »Dienst« über mehr als ein Jahr entzogen, und mich übrigens auch in den zurückliegenden Jahren immer einmal unsichtbar gemacht.

Es gab in meinem Falle eben keine Eltern, die mich daran hinderten. Viele Erwachsene quittierten eines der Lieblingsworte der HJ: *zackig,* mit gerührtem Lächeln. Mütter konnten in dem Anspruch der HJ auf ihre Söhne und Töchter manchmal einen Grund zur seufzenden Sorge — und zu einzelnen Protesten — sehen, und doch im allgemeinen ganz froh sein, daß die Jugend »von der Straße verschwand«. Man konnte sogar ein Gegner der NS-Ideologie sein und es doch so schlecht nicht finden, daß Jugendliche »Befehle ohne Wenn und Aber (...) durchzuführen« hatten. (Aus der Disziplinarordnung der HJ.)

Wenn »beaufsichtigte Kinder« sich schon einmal dem HJ-Dienst entziehen wollten, was *treu und redlich* nicht zu schaffen war, machten das ihnen gerade in den besseren Kreisen ihre Eltern schwer. Ulrich von Hassell berichtet aus dem Jahr 1939:

»Ich war am Montag (...) noch bei Elisabeth und Ernst Albers-Schönberg in Frohnau. Sie waren beide vor allem über die sittliche Entwicklung sehr bedrückt. Die Hitlerjugend zum Beispiel mit ihren

Mit der Erinnerung an den »Dienst« hob sich jedoch zugleich die behütende Abstraktion des *Abseits*: Ich wurde anläßlich des Staatsjugendappells befördert, d. h. mit einer niederen Führungsfunktion belehnt; sollte also seit neuestem eine »Führerschnur« tragen, doch ohne »Stern« auf den Schulterklappen des Braunhemds. Die Beförderung war sozusagen inkomplett, galt der Funktion, nicht der Person. Ich war zum Unterführer ernannt, aber als solcher nicht »bestätigt«.*

Ich verstand sofort, was diese peinliche Ernennung bedeutete: daß der Status des Erfüllungsgehilfen seine Objektivität hat, der auch ein Illoyaler nicht entrinnt, so geschickt er's auch anstellt. Dieser Status hat etwas Ontologisches: Wo einer als Kind heranwächst, in der Geschichte seines Volks notwendig mitgeht, durch die Einheit des Ortes und der Zeit, ist er im Prinzip auch mitgefangen.

Der Griff des Staats nach seinen Erfüllungsgehilfen wurde spürbar. Gut: aber das Problem des Gehilfen war mir bewußt, und mich ihm notfalls bewußt zu stellen, hatte ich gelernt. Es gehört zum Tagesgeschäft des jungen Illoyalen in der Diktatur. Worin besteht denn seine Illoyalität – über die Gedanken hinaus, die er sich macht und die er äußert? Zunächst aus der Grenze, die er gegenüber der Macht und den Zwängen des Staates zieht. Im Gang, den seine Lebensgeschichte nimmt, meint er zu wissen, wo für ihn die Verweigerung beginnen wird (oder, vielleicht, offener Widerstand oder Flucht). Wie er die Nischen des faschistischen Systems und Gelegenheiten zum Handeln nutzt, das ist Sache seiner Spontaneität und zugleich vorsichtige Einübung (wie

törichten, überspannten Anforderungen verführe ihren Sohn zum Zwecke des Sichdrückens zur Unwahrhaftigkeit.« (Vom anderen Deutschland, Zürich 1946, S. 57).

Wer, wenn er seine fünf Sinne beisammen hat, wagt nach den Erfahrungen des Faschismus – und unseres ganzen Jahrhunderts! – noch zu bestreiten, daß »Unwahrhaftigkeit«, ein Quantum Unmoral, ja: Ruchlosigkeit gegenüber normativen Forderungen des Staats, der Institutionen, der »Organisation« längst Elemente der Menschlichkeit geworden sind?

Die Moral der Albers-Schönberg etc., längst weltlos geworden, hat dem NS-Staat zu oft gedient, und sei es unter Tränen.

* Wieso wurde ich so »ausgezeichnet«? Es war Krieg – das Personal der HJ wurde knapp.

ja eine »kalkulierte Spontaneität« für den Illoyalen alles andere als ein Widerspruch ist); Plan, »Entwurf«, das Projekt seiner widerständigen Existenz ist fürs erste nur die *Grenze.* Aber dann muß er manchmal die Grenze verrücken; wie jetzt ich mit meiner Leitungsfunktion.

Sie bestand in niederen Verrichtungen. Die kannte man genau, sie waren nicht der Rede wert. Das Problem war vielmehr die Führerschnur. Ich empfand sie zwiespältig. Ein Geßlerscher Hut des Faschismus, in der Provinz eines freien Geistes aufgepflanzt? Ja, aber mehr. Sie bedeutete: ich war gebrandmarkt. Erst in ihr, der Beförderung, wird ein Eigentumsverhältnis sinnlich dokumentiert: der einzelne »gehört« dem Staat (der Organisation, der Partei, der Polizei). Und dieses Eigentumsverhältnis fand eine – schwache – Stütze im Uniformträger: peinlich berührt, fand ich in mir doch eine Regung von Stolz: es *war* eine Beförderung, eine Anerkennung. Das ist eine der Infamien der Gesellschaft: daß wir unsere Identität, auch gegen sie, als Heranwachsende nur finden können, wenn sie uns irgendwo akzeptiert – das innere Geheimnis der Berufsrolle heute, die scheinbar weit von Führerschnuren und Uniform entfernt ist. So wurde das »glückliche Abseits« nicht nur zerstört: Es war – im Grunde, ontologisch – schon immer zerstört gewesen.

Die Auseinandersetzung mit der Grenze gegenüber den Zwängen des Staats war eine Frage von Gewissen und Autonomie. Hätte ich mich weigern sollen, die Schnur zu tragen? Das Problem war natürlich nicht der »Reststolz«, der ja auch die Funktion des inneren Gefahrensignals hat. Vielmehr stößt die strenge Moral der Grenze im Alltag der Bürger und jungen Leute auf die Technik der kleinsten Schritte des Staats.

Ich sollte doch weder Juden erhängen noch Rußland erobern. Ein Sonntag im März – (noch) nicht organisierte Jugend, die sich fröstelnd in Reih' und Glied aufstellen wird; ihren Kaffee trinkt sie schon wieder zu Haus.

Allein: daß ein Bürger und junger Mann unvorbereitet und unversehens für ein Verbrechen rekrutiert wird, ist selten; auch in der Diktatur. Im gewissen Sinne ist auch der Dissident bei aller Frechheit und Intelligenz über weite Strecken hilflos, über die Technik der »kleinsten Schritte«

wird er Mitglied einer kriminellen Vereinigung. Viele dieser Schritte sind alltäglich, ja für jedes Bürgerleben in den modernen Staaten konstitutiv. Ich brauchte, wie jedermann, einen Personalausweis, eine carte d'identité – wer gab sie mir? Begann mit diesem Identitätspapier nicht schon die Fälschung von Person und Identität? Oder: ich unterschrieb in den Schulferien irgendeinen Standardarbeitsvertrag, wenn ich Geld verdienen wollte (oder mußte, wie meist) – was unterschrieb man damit noch? Ja, einst sorgte ich mich in der Schule um gute Zensuren . . . Die Führerschnur im NS-Staat war – vielleicht – ein qualitativer Sprung: auch in der Diktatur setzte sich die wachsende institutionelle Umklammerung des individuellen Lebens nicht linear fort. Aber sie trieb die affirmierende Seite des Alltags, der kleinen, konstitutionellen Schritte deutlich hervor. In meinem Falle quittierte die Führerschnur ja kein Verdienst, sondern ein pures Faktum: deutscher Staatsangehöriger, arbeitsfähig, HJ-Mitglied, ein höherer Schüler und fast 18 Jahre alt zu sein. Das »Verdienst« war meine faktische Normalität. So grob kann der Raster sein, der unsere Normalität definiert.

Also müßte man sich den kleinen Schritten schon entziehen. Aber wie? Soll man Widerstand leisten im Detail? Ich war im Frühjahr 1940 schon dabei zu lernen, daß der Narr (oder Eulenspiegel) eine Form sein kann, den Widerstand der kleinen Schritte zu prinzipialisieren – ohne gleich als Opfer das Eigentum jenes Staats zu werden, dessen Eigentum als Gehilfe man nicht sein will. Aber angesichts meiner Führerschnur und des Staatsjugendappells fiel mir nichts ein.

Bei diesem Appell erhielt ich eine erste Lektion über ein schwieriges Thema: Wer den Verhältnissen nur im Kopf voraus ist, der ist den Verhältnissen auch im Kopf noch nicht voraus. Denn als ich am Sonntag sehr früh das Haus verließ, wußte ich, wie meine Wirtin und das »Zwickauer Tageblatt«, was mich erwartete: eine deklassierte Jugend, eine Masse, d. h. eine Menge jenseits der faktischen Normalität. Jedoch: was ich auf dem Hindenburgplatz antraf, entsprach den Zeitungsberichten und meiner Erwartung nur zum Teil. Man sah gewiß junge Leute aus vorstädtischen Kneipenvierteln, wo unsereiner nicht hinkam – jedenfalls hoffte meine Wirtin das, in der Kleidung überelegant; auch gewalttätige Typen mit kaltem Blick, dem heutigen »Rocker« nicht unähnlich. Aber es überwogen die Anzeichen des physischen Elends: auch damals war Jugend rar, war, was junge Leute, gerade die Kinder der subalternen Klassen, selten haben. Ich sah Armut und Angst; manchmal mit Anzeichen des psychischen Elends. Einen Achtzehnjährigen kann bestürzen, was Menschen einander geschichtlich antun. Dann, vereinzelt, kühne, intelligente Gesichter, verschlossen in einer Überlegenheit, die jedes Mitgefühl abwies. Auch: viele Jungen wie ich. Und selbst unter den »gegenweltlichen« Gestalten gab es spöttische und neugierige Typen genug, mit denen sich meine Lust an der Unordnung hätte verbünden wollen.

Daß ich dem kriminell-etablierten System angehörte – die Führerschnur! – brachte mich zu ihnen, und damit zu mir, in ein schiefes Verhältnis.

Wieso aber war mir die Staatsjugend als ein bedrohliches »zweites soziales System« erschienen? Als Gegenwelt und Subkultur? Es gab im (bürgerlich) Illoyalen einen versteckten Faschismus weit weg vom Kopf: ungewußte Klassennormen des – gebildeten – Mittelstands, die mit der NS-Propaganda heimlich fraternisierten. In ihr erschienen die Nichtorganisierten als »Abschaum«, zumindest als Makel der deutschen Kultur. Im Kopf war diese Propaganda längst durchschaut – die Kultur des Faschismus selbst war der Makel. Aber weit weg vom Kopf war der (junge) Bürger im nationalsozialistischen Staat auch Erfüllungsgehilfe einer bourgeoisen Klassenherrschaft und Klassennorm, zu denen der NS-Staat ideologisch und öffentlich-politisch im Widerspruch stand; die Nicht-Organisierten vertraten das Proletariat. Dies zu lernen war mühsam; ich brauchte noch fast drei Jahre, ehe eine Erfahrung diese heimlichen Aspekte der Gehilfenschaft fast schockartig durchbrach.

Im Laufe des Jahres 1940, dem 2. Kriegsjahr, veränderte sich der Schulalltag. Lehrer wurden einberufen, ihr Unterricht fiel – meist ersatzlos – aus. Ältere Schüler meldeten sich freiwillig zum Militär und verließen die Schule mit dem Notabitur. Die Abitursklassen schrumpften und wurden am Realgymnasium zu zwei Klassen, mit relativ wenigen Schülern, zusammengelegt. Zigaretten und Tee waren knapp.

Wer von uns Älteren an der Schule blieb, fand außerhalb des Unterrichts Verwendung in der *Heimatfront*, ein zugleich unbequemes und unwirkliches Gebilde.

Dienst an der Heimatfront war lästig, manchmal hart. Die subalternen Klassen wurden kompletter und meist zeitiger zu den Fahnen gerufen als der Mittelstand; so waren junge Arbeiter, Landarbeiter und Bauernsöhne knapp. Schüler sollten den rasch entstehenden Bedarf decken. Also besserten wir in den – verlängerten – Schulferien Wege, Zäune und Ställe aus oder halfen im Sommer bei der Einbringung der Ernte. In der kalten Jahreszeit saß ich im Morgengrauen an Feldwegen, klopfte Steine oder schaufelte die alten Fahrrinnen der Erntewagen zu.

Zugleich war der »Dienst« unwirklich – zu Vieles stimmte nicht. Gibt es denn etwas, was dinglicher, objektiver hätte sein können als Handarbeit? Und doch bedarf es mehr als der Bewegung von Erde und Stein durch Muskelkraft und Gerät, um ein Leben wirklich zu machen. So war es ein offenes Geheimnis des nationalsozialistischen Staats, daß die Frage nach dem Gebrauchswert unserer Arbeit nicht gestellt werden konnte. Unser Einsatz war nicht effektiv – die Kosten der Organisation von »Heimatfront« waren zu hoch. Arbeitete ich bei einem Bauern mit hohem Bedarf nach zusätzlicher Arbeitskraft? Wir wurden bevorzugt den Ortsbauernführern zugeteilt. Die aber, privilegiert, mußten Arbeit für uns manchmal erst beschaffen. So war unsere Arbeit Teil der totalitären Ästhetik eines sich desorganisierenden Staats. Auch der Transport von Erde und Stein, auch harte Handarbeit entwirklichte. Die Fassade wurde mit den Erzeugnissen der völkischen Dichtung behängt. Nährstand und

Wehrstand waren gleich »heilig«. Die einschlägige Dichtung war schamlos, ein Prozeß der Entwirklichung im Überbau: Deutschland senkt das Korn (= seine Söhne!) in die fette Erde Frankreichs – die Frucht: das neue Europa. Der Bauer senkt das Korn in die deutsche Erde – die Frucht: unser Brot. Si le grain ne meurt . . . Angewidert sah ich, wie diese Konstruktion dem Ortsbauernführer und manchen Schullehrern etwas bedeutete.

Für ihre Düngung Europas benötigte die Armee allerdings Munition, und so mußte ich – Heimatfront! – einige Zeit in einem Rüstungsbetrieb arbeiten. Das war mir lieber, es war Arbeit sans phrase.

Wer war denn überhaupt in der Schule verblieben? Ein Neffe »meiner« Frau Lenk, nach einem Unfall beinamputiert; einige besonders junge Männer; Schüler, die aus irgendwelchen gesundheitlich-konstitutionellen Gründen nicht frontdienstfähig waren. Und: wer nichts auf sich hielt. Zufällig war meine Abiturklasse, vom NS-Staat her betrachtet, ein »Hort der Reaktion« (darunter übrigens einige unerfreuliche Typen).

Im Januar 1941 wurden wir durch eine neue Initiative des NS-Staats überrascht. In der zweiten oder dritten Stunde erschien der Rektor der Schule mit einem Vertrauenslehrer (d. h. er genoß das besondere Vertrauen der NSDAP) und hielt eine der üblichen, kurzen Ansprachen: In einer Zeit, in der alle Deutschen ihre Kräfte versammelten, um die *neue Ordnung* zu verteidigen, sollten auch wir uns bewähren. Sollten unseren »festen Willen bekunden«, so wie die ehemaligen Klassenkameraden an der Front, das unsere zu tun.

Als Flakhelfer oder Rüstungssoldat? Das hätte unserer beklommenen Erwartung entsprochen. Nein – durch das Gesuch um Aufnahme in die NSDAP. Antragsformulare wurden einer Kunstledermappe entnommen und ausgeteilt. Wohlbemerkt: Keiner von uns sollte sich gezwungen fühlen, den Antrag auch auszufüllen. PG (= Parteigenosse) wurde, wen die Partei aufnahm und damit ehrte. Pflicht war nicht der Beitritt zur NSDAP, es war nur Pflicht, *ehrbar* zu sein. Wer um Aufnahme bat, tat dies logischerweise freiwillig.

Das vorgeschriebene Mindestalter, 18 Jahre, hatten wir erreicht, oder würden es bis zum rituellen Aufnahmetag, dem

Geburtstag Hitlers am 20. April, erreichen. So, wie die Dinge lagen, konnte uns die Aufforderung, Mitglied der NSDAP zu werden, nur halb als Hohn erscheinen und halb als Hauptspaß. Zunächst: Arbeit, Anstrengung waren damit nicht verbunden. Der Eintritt in die Partei war für uns ein Akt ohne jede persönliche Konsequenz. Er störte uns nicht bei unserer Hauptbeschäftigung: der Vorbereitung für das Abitur, und was danach auf uns wartete, war – über kurz oder lang – die Einberufung zum Militär. Die Armee war jedoch exempt, eine Organisation ganz für sich. In den Kasernen, Schreibstuben und Schützengräben verlor der Soldat die Berührung mit der für ihn zuständigen Ortsgruppe der NSDAP und diese mit ihm. Formell: die Mitgliedschaft ruhte. Von den beiden Einrichtungen, die den Menschen ganz für sich beanspruchten: die Organisationen des NS-Staats und die Armee, gewann im Kriege die Armee. Ein „Ja“ brachte uns also nur in eine Kartei.

Und nach dem Krieg? Da würde es keine NSDAP mehr geben – oder uns nicht mehr.

Moralisch lag in der »ruhenden Mitgliedschaft« für mich kein Problem. Das Verhältnis der nicht integrierten Individuen zu ihrem Staat war eines der wechselseitigen Täuschung; der Illoyale wußte das. Wir befanden uns, so aufgefordert, noch durchaus im Schema der Fassadenästhetik des nationalsozialistischen Staats.

Wir sahen in der NSDAP zudem keine *nur* gefährliche Organisation, sie hatte an der Doppelstruktur des ganzen Systems teil, zugleich real und unwirklich zu sein. Hätten wir die Partei als »kriminelle Vereinigung« bezeichnet (§ 129 StGB), wenn uns dieses Wort zur Verfügung gestanden hätte? Ja, gewiß; aber ein krimineller Verein war das Ganze – Volk, Führer, Vaterland und Nachbarschaft, der »Glaube an Deutschland«, die Schule, der Staat. Das formale Kriterium: PG, bedeutete uns nicht allzuviel; vielleicht weniger, als es uns hätte bedeuten sollen, aber wir waren eben Kinder dieser Zeit. Die ortsansässigen Amtswalter der NSDAP, oft dicke Spießer, die aussahen wie Funktionäre eines sächsischen Handwerker- oder Gesangvereins, erschienen mir lächerlich, wenn ich auch den Reflex erworben hatte, ihnen aus dem Wege zu gehen. Und weder unter den Lehrern noch unter den Wohnungsnachbarn entschied das Parteiabzeichen eindeutig über das Maß an erwarteter Niedertracht. Für die offensichtlichen Handlanger des Terrors, die man seltener sah: vom denunzierenden Blockwart über SA, SS, Gestapo zum Reichsstadthalter oder hohen Beamten der Ministerialbürokratie, war die Zugehörigkeit zur NSDAP – nach unserer Auffassung – wenig relevant. Die Gefährlichen waren Mitglieder der NSDAP, aber dieser Satz galt als nicht umkehrbar.

Zu unserer Stimmungslage trug die Geschichte der NSDAP, so wie wir sie kannten, das ihre bei. Von den knapp 1½ Millionen Mitgliedern im Januar 1933 erreichte sie in wenigen Jahren das Volumen einer Massenorganisation – war das denn noch diesselbe Partei? Anekdoten von »alten Kämpfern«, Blutordensträgern, waren im Umlauf, denen zufolge gerade diese der Transformation in einen verbürgerlichten Traditions-Verein fruchtlos Widerstand geleistet hätten.

Und nun forderte uns die Schule nach einer kurzen pathetischen Beschwörung dazu auf, Mitglieder dieses Vereins zu werden. Freiwillig natürlich – wir kannten das. Wir nannten es »freiwilligen Zwang« und gedachten nicht, uns ihm zu widersetzen; nicht wenige Wochen vor dem Abitur.

Hätte ich darin nicht eine Fortsetzung der „Technik der kleinsten Schritte« erkennen müssen, der langsamen Inbesitznahme durch den Staat? Seit der *Führerschnur* (von der ich nicht weiß, daß ich sie mehr als zweimal getragen hätte), war fast ein Jahr vergangen, und was für ein Jahr! Die Frage, was Widerstand eigentlich bedeute, wie und wo er zu leisten wäre, hatte sich inzwischen versachlicht und politisiert. Eintritt in die NSDAP? Meine antifaschistischen Freunde rieten zu oder zuckten mit den Achseln. Für meinen Vater war es ein moralisches Problem, aber ein unentrinnbares. Ich unterschrieb und gab den Antrag zurück.

Der Februar war bis an den Rand voll von Prüfungen: das Abitur. In den ersten Tagen des März hielt ich mein Gesicht in die sanft wärmende Sonne, auf einer Bank am Schwanensee. Nach – oder vor – einem »Einsatz« in der Rüstungsindustrie reiste ich für wenige Tage nach Wien, um dort die Oper zu besuchen. Mein Vater hatte mir diese Reise als

Anerkennung für das bestandene Abitur geschenkt – gemäß bürgerlicher Bildungstradition war ich ja nun ein »homo novus«, und er ließ diese Tradition gelten; ein stummer Protest gegen den NS-Staat.* An der Wiener Staatsoper gab es eine berühmte Aufführung des »Don Giovanni« unter Knappertsbusch, dem ich einen langen Brief geschrieben hatte; er gab freundlich Antwort. Auf dem Wege zu meiner Pension sah ich, in der Nähe des Hofgartens und in der Dämmerung, »Schiller & Goethe« – Denkmale im Geiste der Ringstraßenzeit. Schiller hielt ich damals für »gotisch«, für nationalen Kitsch; wie die Ringstraße ein Ausdruck von imperialem Barock.

Ende April, ich wohnte bereits wenige Tage im großstädtischen Leipzig und war Student, erhielt ich in der Tat Post von der NSDAP: ich war angenommen. Ein einziges Mal wurde ich zu einer Ortsgruppenversammlung eingeladen, an die ich mich nicht mehr erinnere, und nach der Entrichtung von ein oder zwei Monatsbeiträgen verschwand ich wieder für die Partei und sie für mich. Wie wir es vorausgesehen hatten, durch die Einberufung zum Militär.

Diese Einberufung kam zeitiger als erwartet, und sie erfolgte unter Umständen, die niemand vorausgesehen hatte. Die »behütende Abstraktion« wurde dramatisch aufgehoben.

Der Opferstatus

Erfahrungen macht man nur offenen Auges; die hat ausschließlich der Illoyale – und der Apparat der Diktatur. Loyale sind blind, d. h. sie tun ihre Pflicht. Wo der Staat seine Augen überall hat, haben die Leute meist keine mehr. Das

* Außerdem hatte sich unsere wirtschaftliche Lage gebessert. So war die teure Unternehmung wohl auch als ein Ausgleich für gewisse Entbehrungen gedacht. – Der Bedarf an Ingenieuren war 1940 so groß geworden, daß mein Vater für die Lehrwerkstätten der HORCH-Werke in Zwickau dienstverpflichtet wurde.

offene Auge macht in einem totalitären Staat zwei sich ausschließende und doch gleich unabweisbare Erfahrungen: daß niemand ein Erfüllungsgehilfe für die Verbrechen des Systems wird, er hätte sich denn für diese Laufbahn entschieden; und: daß es sich bei der Gehilfenschaft um einen Status handelt, den der Staat dem Bürger zuweist, um einen »Überhang an Objektivität«. Der Bürger entscheidet sich, er will, aber es geschieht ihm auch. Aus dem Zirkel von sozialer Mechanik und individueller Entscheidung führt nur ein Sprung — der Sprung aus dem bürgerlichen Wesen, d. h. aus der faktischen Normalität. Wer gegen den Faschismus ist, wehrt sich gegen Elemente der bürgerlichen Ordnung. Es muß nicht immer der große Sprung sein, auch hier gilt das Prinzip der »kleinsten Schritte«.

Begründen die kleinen Schritte aus der faktischen Normalität nicht die konträre Laufbahn des Opfers? Ja, aber sie führen uns auch aus dem »Überhang von Objektivität« heraus, so daß Geschicklichkeit, Ruchlosigkeit und — Glück von größerem Einfluß auf individuelle Schicksale sein sollten als bei der Laufbahn des Gehilfen. Geschickt war ich, und der Unterdrückungszusammenhang im NS-Staat lückenhaft; also fühlte ich mich auch dann noch sicher, als ich durch den Kontakt mit älteren Antifaschisten die höhere Gefahrenzone betrat.

In diesem Sicherheitsgefühl lag auch eine Portion auffälliger Blindheit. Es blieb wirksam sogar, als ich zwei, drei Jahre später bei illegalen Aktivitäten auf der Schneide des Messers balancierte. Diese Blindheit war wohl die andere Seite eines Lebens, das gern gelebt wird und sich daher nicht alles gegenwärtig halten kann, was den Überhang an Objektivität begründet. Denn wie jedermann wußte ja auch ich, daß es Zuweisungen selbst beim Status des Opfers gab, eine vom Willen des Individuums unabhängige Mechanik: die Rassenzugehörigkeit. Und seit gut einem Jahr wußte ich, daß meine Mutter Jüdin war.

Der Ahnenpaß. Juden waren Opfer aufgrund eines gesetzgeberischen Akts. Das staatliche Monopol auf Zuweisung forderte daher vom Bürger einen »Schutzbrief«, den Ariernachweis, ein zentrales Dokument. Um ihn zu erbringen, verwandelte sich die deutsche Familie nach 1933 in Ahnenforscher. Die meisten gern: wie die ganze Erbbiologie, war auch dies die Demokratisierung eines vordem adligen (oder königlichen) Privilegs.

Der Familien-Stammbaum war ein Adelspatent des arischen Menschen. Er galt – wie der Personalausweis oder Reisepaß – als unersetzliches Dokument der Person. Schüler mußten den Ahnenpaß vor der Zulassung zum Abitur einreichen, obwohl sie ohne ihn – seit 1937 – nicht einmal höhere Schüler geworden wären. Unser Lehrbuch für Biologie (III, Oberstufe) wies den Lehrer an, im Unterricht an »familienkundliche und erbbiologische Beobachtungen aus dem Lebenskreis des Schülers« anzuknüpfen. Nun hatte ich noch nie den vollständigen Beleg für arische Herkunft erbringen können, aber immer eine befriedigende Erklärung dafür gehabt. Meine Mutter war gebürtige Engländerin. Bei dem niedrigen Stand des britischen Meldewesens (gelobt sei es!) gaben die wenigen Urkunden über ihre Vorfahren keine, wie es in der Amtssprache damals hieß, »rassisch verwertbare« Auskunft. Sie war, was jede Nachforschung erschwerte, außerdem Vollwaise, und Geschwister waren nicht mehr auffindbar. (Ihre Schwester Nora war in der Kindheit für mich eine mit Phantasien reich besetzte Märchenfigur: 1923 hatte sie in Paris einen hohen weißrussischen Offizier geheiratet und war wenige Jahre danach mit ihm zusammen verschollen.)

Ahnenforschung nach der mütterlichen Familie hin war objektiv unmöglich. Daher durfte mein Vater eidesstattlich erklären, daß die Mutter Arierin war – nichts war ihm und uns bekannt, das etwa auf jüdische Einflüsse hätte schließen lassen.

So galt ich, wie der völkische Terminus lautete, als *wurzelecht.* Nach der väterlichen Familie hin war ich übrigens »ahnen-mäßig« sehr gut ausgestattet. Als Nachfahren Martin Luthers hatten wir unsere Ahnen bis ins 16. Jahrhundert hinein einem alten Verzeichnis der »Lutheriten« entnommen, das irgendeine kirchliche Autorität bis 1906 sorgfältig geführt hatte – Nachkommen des Reformators erhielten damals ein Stipendium für das Studium der Theologie. Die NS-Ämter und Studienräte kannten dieses Verzeichnis nicht. Wir sonnten uns daher in der Anerkennung, die es für solche lückenlosen Erzeugnisse familiärer Forschung damals gab.

In den ersten zwei Jahren des Krieges wurde die amtliche Handhabung der Judenfrage brutalisiert. Wir wußten das, ich weiß nicht mehr, woher; wahrscheinlich aus seltenen Beobachtungen, vereinzelten Klagen und vor allem aus dem britischen Rundfunk. Und ich wußte, daß ich, der eidesstattlichen Erklärung ungeachtet, Halbjude war. Ich sah darin weder Makel noch Auszeichnung. Ich war auch kein »Philosemit«.

Im übrigen war mir bewußt, daß auch manche Juden Nazis gewesen waren (oder gerne gewesen wären, wenn man sie gelassen hätte). Daß sich ein Verband jüdischer Frontsoldaten und ein Verein »nationaldeutscher Juden« bei Hitler 1935 für die Wiedereinführung der Wehrpflicht bedankt hatten, war mir bekannt; ich kann heute nicht mehr sagen, aus welcher Quelle.*

Hätte ich, nach den Erfahrungen mit Führerschnur und NSDAP, nicht auf den Gedanken kommen müssen, daß sich Geschichte und *Lebens*geschichte nun einander zu nähern begannen – in der Kindheit und Jugend manchmal recht weit voneinander getrennt? Dieser Gedanke kam mir nicht.

Der Juni 1941 war sehr heiß. Wenn ich das Kantseminar bei H. G. Gadamer verließ, meinem liebsten Ort in der Universität, traf mich schon im Treppenhaus des Gebäudes die erstickende Schwüle des leipziger Sommers. Dann wartete ich geschlagen auf die Nacht. Ich wohnte – von 19 Uhr bis 7 Uhr früh – im Büro einer Firma. Firmen mußten damals in reinen Geschäftshäusern Nachtwachen für den Luftschutz stellen, und, um ihre Angestellten zu entlasten, engagierten sie dafür Studenten. Wir, in »unserem« Geschäftshaus sieben, sparten die Ausgaben für ein möbliertes Zimmer und verdienten pro Nacht 3 RM (mit einer zusätzlichen Mark am Wochenende). Man hatte, wenn man wollte, immer Gesellschaft. Aus einem angesehenen, schon bei Goethe erwähnten Restaurant gegenüber holten wir uns Bier. Auch Damenbesuch war in den Büros erlaubt oder

* Zur Frage der Herkunft und Dichte solcher Informationen vgl. S. 145

jedenfalls nicht verboten. Eines Abends fand ich ein amtliches Schriftstück vor: die Vorladung zum städtischen Judendezernat.

Das Instrument für die Aufhebung der »behütenden Abstraktion«, der Annäherung von Geschichte und Lebensgeschichte, war eine Verwaltungsangestellte der Universität. Ihr war ich, wie aus ihren Notizen zu entnehmen, bei der Übergabe der Immatrikulations-Unterlagen aufgefallen – als »fremdartig im Aussehen«, »dunkelhaarig« und »Brillenträger«.* In irgendeiner Urkunde fand sie den vollständigen Namen meiner Mutter – Sara Constance geb. Barlin.** Sara war ein jüdischer Vorname (wie Israel), Barlin hielt sie für ein absichtlich verändertes »Berlin«. Sara Berlin, das war jüdisch komplett. Also übergab sie die Angelegenheit dem Judendezernat.

Die Dienststelle erließ sofort ein vorläufiges Studienverbot, die Immatrikulation ruhte, die Universität sollte ich nicht mehr betreten (es sei denn zu »amtlichen Zwecken«). Ich erhielt Auflagen, die meine Freizügigkeit einschränkten.

Natürlich wehrten wir uns. Das Anglistische Seminar der Universität half auf meine Bitte hin mit einem Eilgutachten.*** Schließlich hatte ich als Leser gelernt, daß G. E. Lessing sein Schauspiel »Miß Sara Sampson« genannt hatte, um deutlich zu machen, es handele sich bei der Titelheldin

* J. Goebbels sprach 1931 von dem »dekadenten Hornbrillenwesen, das sich ›Intellektueller‹ nennt«. Als 1939/40 polnische Intelligenz für die Vernichtung ausgesucht wurde, gab es natürlich für SS und SD keine klaren Kriterien. »Das waren oft tragisch-anekdotische Zufälle. Ein Polizist hat mit dem Finger gewinkt: Du, Brillenträger, komm!« (W. Bartoszewski, zit. nach D. Bering, Die Intellektuellen, Stuttgart 1978, S. 143.)

** Nach dem Namensgesetz vom 17. 8. 1938 mußten Juden mit nicht-jüdischen Vornamen (Constance!) diesem ein »Israel« bzw. »Sara« hinzufügen – Vorbote des gelben Sterns.

*** Solche Dinge kamen wohl öfters vor. Der Dichter Börries von Münchhausen beschuldigte 1934 seinen Kollegen *Gottfried Benn,* Volljude zu sein. Der Freiherr, der sich öffentlich seines »tiefen genealogischen Instinkts« gerühmt hat, hielt den Namen »Benn« für einen *Nicht*namen, nämlich für eine jüdische Verwandtschaftsbezeichnung. Gottfried Benn bat den Ordinarius für orientalische Sprachen an der Universität Berlin um ein Gutachten: Die Orientalistik konnte ausschließen, daß der Familienname »Benn« vom hebräischen *ben* (Ben Hur usw.) abgeleitet sei. Vgl. den Brief an F. W. Oelze vom 25. 4. 34, in: G. Benn, Briefe, 1932–1945, Frankfurt 1979, S. 33 f.

um eine Engländerin. Meine Mutter war Engländerin. Das Seminar bestätigte das und begutachtete überdies, der Name »Barlin« sei wahrscheinlich ein anglisierter Name französischer Herkunft. (Das stimmte. Mein Ururgroßvater, ein Händler, war nach 1789 aus Frankreich geflohen und hatte in London ein Vermögen mit Emigrantengeschäften gemacht. Vom Familienerbe hatte meine Mutter noch vor dem 1. Weltkrieg ihr Studium am Konservatorium in Dresden bezahlt. Nach Krieg und Inflation reichte es gerade noch dazu, jährlich einige Pfund besten Tees aus England zu beziehen).

1941 waren wegen des Krieges Recherchen in England ausgeschlossen, die Schwächen des Meldewesens außerdem amtlich bekannt. Die Rückwanderung der Mutter in ihr Heimatland konnte nicht-strafbare Gründe haben. Im groben Raster der faktischen Normalitätsthese sprach – fürs erste – vieles für mich. Es schien eine langatmige Untersuchung ungewissen Ausganges zu werden. Ich war mir meines langen Atems sicher; auch der Tatsache, daß ich auf einem Terrain ungewohnter Verkehrsformen stritt. Denn eine sprachlich gewandte Intelligenz, die in die groben und haarfeinen Risse von Ungereimtheiten der Anzeige polemisch eindrang, war keine Empfehlung, das war *jüdisch*. So wurde ich auf den Ämtern still, eine stumme Klage, die die Welt nicht mehr versteht. Und hielt auf Distanz. Freundlich, ja: nur lebhaft zu sein, d. h. sich »anzubiedern«, war *jüdisch*. Auch die terrorisierende Angst, die ich hatte, war sorgsam zu verbergen – Angst war *jüdisch* (so wie umgekehrt Frechheit »jüdisch« gewesen wäre). So trug ich der Objektivität Rechnung: die Beamten taten ihre Pflicht, es ging nicht gegen mich als Person – dies zu verstehen war *arisch*.

»Jüdisch« zu sein, bedeutete den vollständigen Ausschluß aus dem sozialen Kosmos, der unsere physische und psychische Lebensführung sichert. Wir wußten nicht genau, welche Garantien der arische Blutsanteil immerhin noch gab; wahrscheinlich wenige, aber zum Überleben mochten sie ausreichend sein, für mehr nicht. Mich bedrückte die Ungewißheit auch der Weiterungen: wie weit war das System funktionsteilig organisiert? Bedeutete ein rassisches Verdikt, daß sich der Apparat des Systems für meinen sozialen Umgang interessieren würde? Was allein in der Wohnung der Frau Lenk an Reichtümern für Bildungsprozesse lag, erschien in der Kälte der Untersuchung als Basis für einen Strafprozeß mit einem für sie möglicherweise tödlichen Ausgang.

Im Frühherbst griff erneut ein deus ex machina ein. Eine Postzustell-Urkunde brachte keine Nachricht vom Judendezernat, von dem ich schon einige Wochen nichts mehr gehört hatte, sondern die Einberufung zum Wehrdienst – *nach Wien*. Ich sei dort wohnhaft; die Anschrift: jene Pension, in der ich im März, als ich zum »Don Giovanni« gefahren war, einige Tage gewohnt hatte. Das Ganze war ein Irrtum, wie er, soweit ich weiß, selten vorkam. Überrascht wie ich war, dachte ich einen Augenblick an Aufklärung des Sachverhaltes, verhielt mich aber dann doch weise. Ein Einberufungsbefehl im Krieg ist immer ein Freifahrtschein. In der Konkurrenz der Institutionen siegt im Krieg, dachte ich, die Armee: so verhielt ich mich bona fide, gab dem Gestellungsbefehl Vorrang vor den bestehenden Einschränkungen meiner Freizügigkeit und reiste ab, natürlich ohne Mitteilung an Judendezernat, Universität oder Leipziger Meldebehörde. Da die Urkunde mich mit bedeutenden Verzögerungen erreicht hatte, was am Wechsel der Adressen lag, war die Frist bis zur Abreise glücklicherweise gering.

Merke: Man darf dem glücklichen Zufall oder dem deus ex machina nie die kalte Schulter zeigen. Auch nicht aus Angst.

Als ich die Wiener Kaserne betrat: das »Arsenal«, ein häßliches und vom Durchreiseverkehr verwanztes Gebäude aus dem vorigen Jahrhundert, als einziger Reichsdeutscher bei einer österreichischen (»ostmärkischen«) Einheit, war ich in den ersten Tagen sehr unsicher, was dort geschehen würde. Bestand nicht die Gefahr, daß die Militärverwaltung oder die Schreibstube sich an dem exotischen Vogel stieß? Da ich nun einmal einberufen war, blieb ich nur für mich ein exotischer Rest. Für das Militär war die Situation faktisch normal. Kurz: es geschah nichts.

War ich dem Fahndungsbereich des Judendezernats tatsächlich – und so einfach – entkommen? Oder war die Untersuchung stillschweigend eingestellt, vielleicht sogar mit positivem Ausgang für mich abgeschlossen worden? Es hat mehr als zwei Jahre gedauert, bis meine ostmärkische Einheit eine Anfrage aus Leipzig erreichte. Inzwischen wußte ich, daß Halbjude zu sein nicht notwendig Deportation bedeutete, aber die Folgen blieben bedrohlich genug. (Vor einem Dienstzimmer des Wehrkreiskommandos XVII in Wien, wo ich aus irgendeinem Grunde vorsprechen mußte, traf ich einen hochdekorierten Oberstleutnant der Luftwaffe, leichenblaß; irgendjemand hatte entdeckt, daß eine seiner Großmütter Jüdin war, und so hatte man ihn sogar von seinem Kommando an der »Ostfront« abberufen – 1943!)

Warum das Judendezernat für seine Recherchen nach meinem Aufenthalt so lange gebraucht hatte, und warum es nur auf erneuten Vernehmungen bestand, weiß ich nicht. Seine kriminelle Energie war ausnahmsweise gering, der »totale Staat« zunehmend desorganisiert, und die Denunziation ersetzte zu dieser Zeit brauchbare Nachweise doch nicht ganz. Das Wehrkreiskommando übergab die Angelegenheit meinen Truppen-Vorgesetzten. Dort drohte eine zweite, ganz neue Querele. Nach einem »Führererlaß« des Jahres 1943 konnte für Soldaten, deren nähere Verwandte im feindlichen, d. h. kriegführenden Ausland lebten, Schutzhaft angeordnet werden – sie waren jedenfalls einzubestellen, zu verhören und zu verwarnen.

Die böse Absicht des NS-Staates brach sich an der Psychologie des österreichischen Militärs. Ich diente ja bei einer durch und durch ostmärkischen Inlands-Truppe. Die Unterstützung reichsdeutscher Dienststellen war, jedenfalls in den Garnisonen, vielfach sehr unbeliebt. Einige Offiziere pflegten in mir den »under-dog« zu sehen, als einziger Preuße unter lauter Kärntnern, Wienern und Oberösterreichern war ich das auch, und traten als Sportsleute schon 'mal für mich ein. Andere haßten das Reich, das sie 1938 heimgeholt hatte, oder waren störrisch gegen fremde Eingriffe in ihren Machtbereich. (Das galt sogar für einen der raren Sadisten, nach dem ich im Sommer 1945 forschen ließ, um es ihm heimzuzahlen, ein Kaffeehausbesitzer im II. Bezirk (Prater), er war »nicht mehr auffindbar«.)

Das Militär machte mir – und einem Freund in ähnlicher Lage – sogar ein Angebot. Man werde für die Tilgung des lästigen Rassenproblems sorgen, wenn wir uns freiwillig als Offiziersanwärter meldeten. Offiziere wurden 1943 knapp.

Der grobe Raster der faktischen Normalität trat wieder in Funktion: über 18 Jahre alt, für die Kriegslage ausreichend gesund, intelligent ... Daß die Armee ihre Ansprüche an neue Funktionsträger herabsetzen mußte, verschwand, wie früher in der HJ, unter dem Voluntarismus der Fassade: Wer will, kann.

Das Angebot war, wie wir wußten, eine Lüge. Nicht einmal der General im nahen Wien hätte das Rassenproblem tilgen können. Woraus man lernt, daß man auch einer gut gesinnten Obrigkeit nicht trauen darf.

Wir wollten aber die Position des potentiellen Opfers überhaupt nicht gegen die faktische des Erfüllungsgehilfen tauschen, weder töten noch getötet werden, lehnten – den Umständen entsprechend: höflich – ab. Mehr pro forma erhielt ich für einige Wochen ein »Urlaubsverbot«, sollte den Wehrkreis also nicht verlassen. Urlaub war jedoch sowieso nicht in Sicht, also konnte ich mit den Achseln zucken. Und das war alles.

Es ist möglich, daß Zufall und Glück doch eine objektive Seite, einen historischen Rahmen hatten. Die Tendenz, auch Mischlinge in das Netz der Rassengesetzgebung zu ziehen, wurde 1940/41 auf der Seite der NSDAP noch einmal sehr stark, aber Hitler wünschte keine Regelung, sie erschien ihm gerade inopportun. Erst 1943 bestand für Mischlinge (oder der Mischung Verdächtige) noch einmal Gefahr: die berüchtigte Wannsee-Konferenz griff das Thema auf. Im Herbst 1943 aber war die Gefahr endgültig gebannt. Vor allem für Wehrdienstleistende.

Ein Staat, der Teilbevölkerungen diskriminiert, indem er ihnen den Opfer- oder Feindstatus zuweist; das Pflichtgefühl seiner Diener: eine oft gereizte oder schadenfrohe Loyalität; das Individuum, das von irgendeiner Erwartungsnorm sichtbar abweicht, so daß es die faktische Normalität der Verhältnisse stört – das sind allgemein vertraute Bestandstücke der *Grundordnung in der sozialen Welt;* der NS-Staat hatte sie bloß radikalisiert.

Nun wurde der NS-Staat seit 1938/39 zwar wieder zunehmend brutal, aber nicht eigentlich stark. Es mehrten sich Signale der Desorganisation. U. D. Adam spricht von einem »System, das sich selbst nicht mehr zurechtfand, das im

Getriebe seiner institutionellen und funktionalen Bedingtheiten den Überblick über das Regelbare und Regelungsbedürftige verloren hatte« (in: Judenpolitik im Dritten Reich, 2. Aufl. ADTG, 1979, S. 242). Das bedeutete für das (noch) nicht auf einen Status fixierte Individuum, vor allem für den Heranwachsenden, erhöhte Abhängigkeit vom Zufall. Es war zufällig, daß ich bei der Immatrikulation an eine Denunziantin geriet, d. h. an jemanden, der seine Pflicht tun wollte; obschon die Abwehrreflexe gegen das Fremde und das böse Genie für die Abweichung (dunkelhaarig, Brillenträger, Gestus) überzufällig, ein Stück deutscher Mentalität gewesen sind. Der Zufall – die irrige Einberufung nach Wien – eröffnet aber eben auch Chancen. Freiheit beginnt mit der Bereitschaft, solche Chancen zu nutzen, d. h. mit der Weigerung, die soziale Mechanik der Normalität auch noch selbst mit zu tragen.

Von den moralischen Erwartungen des Faschismus und der Schule her betrachtet, oder von den Haltungen des Busschaffners und der Polizei, war diese Bereitschaft (solche Chancen zu nutzen) ein Stigma – des Spielers, des Egoisten. Der Staatsapparat mochte ihn mit widerwilliger Anerkennung mißhandeln. War der Spieler, der Egoist nicht Fleisch von seinem Fleisch? Die Grundordnung erkennt in beiden ein ihr verwandtes bonapartistisches Element. Erst wo ein sittliches Interesse im Spiel zu sein scheint, d. h. Einsicht in die soziale Mechanik und Mitgefühl mit den vielen Opfern, beginnt für den diktatorischen Staat die wahre Infamie.

Ob einer ein Dieb ist, der sich – jede zufällige Chance nutzend – auch noch vor den Folgen seiner Tat eilig hinwegstiehlt, ob einer über den zerstörerischen Charakter der »Grundordnung« trauert und sich überdies Freiheiten nimmt, das macht auch für den Antifaschisten einen Unterschied. Der (erwachsene) Antifaschist verlangt von der Kunst, sich dem Zugriff der Macht zu entziehen, eine gewisse Kälte. Es muß Technik sein, kein Lebensstil. (Ich wurde daher von meinen Freunden manchmal mißtrauisch betrachtet.) Die Lust daran macht verdächtig. Es sei denn, man konnte sie, in pädagogischer Absicht, als »Jugendtorheit« erklären. Oder sie ließ sich durch Mitgefühl und Einsicht aufwiegen.

Genealogie der Moral: Als der Adoptivsohn einer Adelsfamilie in Sachsen – ein Deutschnationaler und Militarist – 1934 insgeheim erfuhr, daß seine wahre Mutter Halbjüdin war, erschoß er sich. Das ist arisch, ist loyal. Der Staat kann einem solchen tragischen Geschick seine Anerkennung nicht versagen. Der Bürger schüttelt seinen Kopf und nickt. Meine proletarischen Freunde in Österreich – ein Vorgriff auf das Jahr 1942 – hätten gesagt: »Schön blöd«. Das brauchte ich nicht erst vom Volke zu lernen.

Eine militärische Karriere 1941–1945

Tauglich nur für den Garnisonsdienst, selbst für die Brücken- und Geleiswache im tief verschneiten Payerbach-Reichenau nicht recht geeignet, wurde ich noch im Winter 1941/42 einem in Wien stationierten Landesschützen-Bataillon zugeteilt: zusammengesetzt aus alten, nicht mehr für die Front verwertbaren Männern und einigen Jungen wie mich. Natürlich gab es niemanden mit einer technischen oder sonst kriegswichtigen Qualifikation, die hätte ihn im »zivilen Sektor« unabkömmlich gemacht; es waren meist Handwerker, Ungelernte, Landarbeiter, auch ein Buchhändler, der eine oder andere Lehrer und zwei Studenten. Meist entluden wir Schiffe am Donaukai und lebten unter üblen Bedingungen. Nazis gab es da kaum, aber unter den Unteroffizieren den einen oder anderen Schinder, Typen von gemütlicher Wiener Brutalität.

Im Frühjahr heiratete ein alter Reserve-Oberleutnant, der Chef unserer Kompanie, mehr ein Ungar als ein Österreicher, eine »Gebildete«, wie er sagte, und bestellte mich in seine Kasernenwohnung. Mit dem Auftrag, seine Bilder, altersgeschwärzte Porträts und Jagdszenen, gefällig aufzuhängen, damit es der Ehefrau auch gefiel. (War ich denn nicht ein Abiturient?) Ich machte mich nützlich. Das Ergebnis muß beeindruckend gewesen sein, denn wenige Tage später rief mich der *Herr Oberst,* Befehlshaber der Kaserne, mit dem gleichen Auftrag. Nachdem auch noch ein älterer Reservemajor meine Talente ausgebeutet hatte, war mein Glück gemacht. Man sah sich nach angemesseneren Lebensverhältnissen für mich um und versetzte mich, da stenografie-, schreibmaschinen- und englischkundig, als »Schreiber« (d. h. als Bürokraft) zu einer militärischen Außenstelle des Landesarbeitsamtes im *Stalag XVII A,* dem großen Kriegsgefangenenstammlager unweit von Wien, im Burgenland. Wir hatten arbeitswillige britische Unteroffiziere an Industrie und Landwirtschaft zu vermitteln.

Ich fand dort einen Freund, Leo B., der als ein ungewöhnlicher Mensch und Kommunist für mich Epoche gemacht hat, und einige Genossen oder wenigstens Spießgesellen; meist, wie Leo, aus dem Wiener Proletariat, und manchmal Mitglieder der KPÖ (wie er)*. Sie wußten, wie man sich dem Zugriff von Herrschaft entzieht und sich durch äußere Anpassung ein Stück nicht nur ideeller Unabhängigkeit erhält. Von ihnen erwarb ich neue Techniken zu überleben. Einiges Nützliche lernte ich zwar nie, doch Leo B. schützte mich, so gut es ging, vor möglichen Folgen meiner Unordnung. Ein Unteroffizier tat etwas für meine (und unsere) marxistische Bildung: so las er uns beispielsweise aus der großen sowjetrussischen Enzyklopädie vor, von der er einige Bände aus Leningrad mitgebracht hatte. Er war dort technischer Leiter einer Druckerei gewesen und remigrierte mit politischem Auftrag kurz nach dem »Anschluß« Österreichs in sein Vaterland.**

Wie die Katzen hatten wir sieben Leben, und jedes wurde annähernd ernsthaft gelebt. Auf einer Ebene unserer Existenz, einer der öffentlich-sichtbaren, arbeiteten wir leidlich exakt, hielten uns im großen Ganzen an die militärische Ordnung und waren im Schießen nicht schlecht. (Denn Schießübungen blieben keinem Soldaten erspart.) Vorgesetzte behandelten Leo und ich höflich, mit einem Schuß Ironie. Auf einer zweiten Ebene entwickelten wir in der Rolle des »Narren« eine befriedigende Form, unseren Dissens auszudrücken.

Eines Tages wurde der deutsche Gruß auch für die Wehrmacht eingeführt. Ihn zu verweigern, ging nicht an, wäre uns auch dumm erschienen; wir begannen vielmehr, die

* Leo galt als »Vierteljude«, und war daher Landesschütze (eine österreichische Lösung?).

1972 wurde ich, weil der Unterstützung des Terrorismus verdächtig, vom Hochschuldienst suspendiert. Linke Studenten und Kollegen brachten mir einen Fackelzug; Leos ältester Sohn – wie die ganze Familie Mitglied der KPÖ – kam angereist, wie ich viel später erfuhr, und ging mit, jedoch »inkognito«, d. h. ohne sich mir irgendwie bemerkbar zu machen. Es sollte besser (für Polizei und Verfassungsschutz) keine Verdachtsfäden vom Umkreis der RAF zur Kommunistischen Partei geben!

** Was er uns allerdings über Goethe und Nietzsche vorlas, brachte mich nur zum Lachen; mir schien, ich hätte nie vorher etwas so Komisches und zugleich Pathetisches gehört.

neue Vorschrift zu übertreiben, grüßten etwa – bei gelegentlichen Fahrten nach Wien – Denkmäler von Goethe und Schiller mit erhobenem Arm, und jede Polizei- oder Heeresstreife, die uns wütend anhielt, verwickelte ich unschuldig in tiefe Argumentationen. Und als wieder einmal ein hoher Militär wegen Unfähigkeit abgelöst worden war und die Partei die (konservative) Generalität zu beschimpfen begann, trennte ich coram publico das Hakenkreuz von meiner Uniform ab: die Wehrmachtsuniform sei seiner nicht mehr würdig.*

Auf einer dritten Ebene unserer Existenz lösten Leo und ich uns vom Militär und von den Genossen – zu endlosen Gesprächen über Gott und alle Welt. In den gut zwei Jahren, in denen wir täglich zusammen waren, verging kein Abend, an dem wir uns nicht aus Büchern vorgelesen hätten – meist aus philosophischen, aber auch Goethe haben wir viel gelesen und erörtert.

Ich hatte von Amts wegen täglich mit britischen Kriegsgefangenen zu tun. Wenn ich mit einigen von ihnen auf der Lagerstraße zum »Arbeitsamt« ging, war ich, so eine stehende Redensart, von ihnen nicht zu unterscheiden – es sei denn, daß die Engländer soldatischer wirkten als ihr deutscher Begleiter. Das wurde vom NS-Führungsoffizier getadelt, aber letztlich hingenommen – der Brückner war ein Narr! Dies bildete den Schirm für eine nächste, nichtöffentliche Ebene unseres Lebens. Leo, der öfters Gelegenheit hatte, auf einem Lastwagen die Außenarbeitsstellen der Kriegsgefangenen abzufahren, kannte sich bald sehr gut über die jeweiligen Umstände aus. Ich regierte immerhin, wenn auch nur ein gewöhnlicher Schütze, über die »Arbeitszuweisungslisten«. Wenn ich von ihnen, d. h. von britischen Gefangenen, dazu aufgefordert wurde, konnte ich nament-

* Manche unserer Späße waren harmloser. 1943 zog die Armee einen preisgekrönten Nazidichter als Feldwebel ein (den Namen habe ich zu Recht vergessen); wir begrüßten ihn am Schwarzen Brett unserer Baracke mit einem »Sonett, in einer Sprache, die es noch nicht gibt, so schön ist sie.« Leo war ein glänzender Schachspieler; eines Tages erschienen wir im Lagerbad mit einem riesigen hölzernen Schachbrett, auf dem Wasser zu schwimmen, und boten mit an Nägeln fixierten Figuren Schachunterricht im Wasser an – stand es uns nicht schon bis zum Hals? Diese Anspielung löste nicht nur Heiterkeit aus.

lich genannte britische Unteroffiziere auf Arbeitskommandos schleusen, bei denen es Fluchtchancen (oder andere Handlungschancen) gab. Ihnen ihr Lagergeld, mit dem sie entlohnt wurden, in gültige Währung umzutauschen, war schwierig und gelang nur ausnahmsweise. Genaue Meßtischblätter mußte ich stehlen – aus den Räumen des NS-Führungsoffiziers.

Es handelte sich dabei um relativ seltene Hilfen; andere waren läßlicher, gewisse Versorgungs- und Kommunikationsleistungen da und dort; lebensgefährlich, d. h. mit der Todesstrafe bedroht, waren sie alle.

Im Sommer 1944 begann sich eine Schlinge um Leo und mich zusammenzuziehen. Durch einen Zufall gerieten wir in Verdacht, ausländische Sender abzuhören und mit diesen Lügen auch noch zu agitieren (Todesstrafe!). Das stimmte jedoch nicht.* Wir konnten uns leidlich rechtfertigen, aber der Verdacht war nun da. Ein schwerer Verdacht rückt auch die Aktivitäten des Narren in ein bedenkliches Licht. Das Klima wurde merklich kühl. Der NS-Führungsoffizier erläuterte mir, zwei Tage nach unserer »Rechtfertigung«, gesprächsweise, er müsse die Sache wohl der Gestapoleitstelle in Bruck a. d. Leitha zur näheren Untersuchung übergeben.

Ich weiß nicht, ob er das wirklich getan hat, als bloß routinemäßige Befolgung einer strengen Vorschrift. Denn Leo und ich wurden am Tage dieser Mitteilung als »frontdienstfähig« erklärt. Während wir, fürs erste ratlos, mit anderen Betroffenen unsere wenigen Sachen packten, erschien am darauffolgenden Tag aus Wien ein alter Bekannter: der deus ex machina; diesmal in Gestalt eines Oberstleutnants – ranghöher als unser Lagerchef – und suchte zwei Leute für einen Wehrmachtsstab in Ungarn. Er ergriff Leo und mich, gab uns etwas Geld und Papiere, setzte uns in sein Auto und brachte uns zum Südbahnhof nach Wien; dort stand der Zug, abfahrtbereit.

Das war knapp. Am nächsten Tag erwachten wir erleichtert in Ungarn, in Stuhlweißenburg, und ehe wir wieder militärische Verwendung fanden – Leo an der jugoslawi-

* Wir erhielten verläßliche Nachrichten von Kriegsgefangenen, denn trotz häufiger Lagerkontrollen wurden deren selbstgebastelte Empfangsgeräte nie alle entdeckt. Doch diese Informationen behielten wir für uns.

schen Grenze, ich in der Nähe von Kaposvar – taten wir einige Zeit nichts. Wir hatten wenig Geld, und in Ungarn lebte man noch gut. Eines Tages überredete mich Leo, in die Küche eines Landgasthofs einzudringen, und Hilfsarbeiten wie Abwaschen, Abfälle wegtragen u. ä. an uns zu reißen; er hatte einen Blick dafür. Die überraschten Ungarn redeten zornig auf uns ein, aber wir verstanden kein Wort. Da wir uns offensichtlich nützlich machen wollten, verstanden sie uns schließlich. Nach der Arbeit gab es für uns eine gebratene Gans.

Manchmal konnten wir uns bei deutschen Dienststellen ein paar Wehrmachtsdecken und -socken aneignen und sie auf dem schwarzen Markt verkaufen.

Unsere Lage war merkwürdig genug: Ohne Feldpostnummer, d. h. über die Post nicht mehr zu erreichen, ohne genauere dienstliche Bestimmung und ohne Job durften wir uns alle zehn Tage in Kaposvar bei einer deutschen Kommandantur unseren »Wehrsold« abholen (wir verfügten über ein entsprechendes Dokument, in Wien, auf dem Bahnhof, empfangen), und waren sonst uns selbst überlassen. Erst nach einem Monat wurden wir getrennt; ich fand Beschäftigung bei einer zwar materiell voll eingerichteten, aber nur von wenigen Soldaten besetzten – und noch eine Weile offiziers- und arbeitslosen – Stabskanzlei.

Als die deutschen Armeen aus Rußland und Rumänien zurückzufluten begannen, und Ungarn Ende Oktober 1944 versuchte, sich vom deutschen »Waffenbruder« zu lösen, erreichten mich Vorboten der Front: Trecks von Flüchtlingen, vereinzelt desorganisierte Heeresteile, Züge mit Verwundeten. Das eröffnete mir ein neues Tätigkeitsfeld: ich stellte Volksdeutschen »wurzelechte« Urlaubs- und Reisepapiere aus, um es ihnen zu ermöglichen, zu ihren Familien zurückzukehren oder der Armee zu entgehen*, und half dem einen oder anderen Deserteur weiter. Denn wie Papiere auszusehen hatten, das lernte man beim Stab. Eines Abends fand ich auf einem kleinen Bahnhof zwei ungarische Mädchen, elf und dreizehn Jahre alt, von ihren Angehörigen

* Mit Genuß, denn mit der Rückführung der Volksdeutschen ins »Reich« war *H. Himmler* beauftragt.

während der Kämpfe getrennt; ein Unteroffizier der Bahnhofswache schlich um sie herum. Nach Vorschrift wären sie in Sammeltransporte und Sammellager gekommen, eine elende Sache, von der ich zu viel wußte. Oder die Front hätte sie eines Tages erneut erreicht. So stellte ich ihnen korrekte Papiere für die Reise zu ihrem »deutschen Onkel« aus, denn das ließ die Vorschrift zu. Einen wirklichen deutschen Verwandten hatten die Kinder nicht, der »deutsche Onkel« der korrekten Reisepapiere war mein Vater. Sie trafen im November 1944 auch wirklich in Zwickau ein, und konnten ein gutes halbes Jahr später nach Ungarn zurückkehren.*

Im Winter 1944 mußte ich mich dringend um mich selbst kümmern. Ungarn war längst Kriegsgebiet, der Nordosten (und die Hauptstadt) seit Ende Oktober von russischen Armeen besetzt. Schon verkehrten viele Züge nicht mehr, Stäbe wie der unsrige wurden in die kämpfende Truppe aufgelöst; ich wollte aber weder »Gegner« töten noch von ihnen getötet werden. Zwar hatten wir uns gewisse Modalitäten überlegt, die einem Überläufer zur russischen Armee hätten nützlich sein können, und unter der Konterbande, die ich bei mir trug, befand sich neben einer Art von Schutzbrief in kyrillischer Schrift auch eine Notiz britischer Feldwebel mit ihren Heimatadressen. Doch es mußte einfachere Lösungen geben. Inzwischen zum Gefreiten befördert, stellte ich mir Reisepapiere als Kurier eines hohen Truppenstabs aus, an denen, außer der Unterschrift, alles echt und vorschriftsmäßig war, packte ein paar Filmrollen ein, aus einem zerschossenen Wehrmachtsfahrzeug geborgen, und fuhr – auch noch bequem, im Abteil der Zugwache – zunächst nach Wien; für dringende Kuriere war immer Platz. Dort traf ich an einem kalten Vormittag Leo, der sich inzwischen auch von der Truppe abgesetzt hatte, unter konspirativen Bedingungen; er bot mir Unterschlupf im VII. Wiener Bezirk an. Ich wollte aber nicht bleiben.

Vielleicht interessieren den Leser die Gründe dafür. Wir hatten noch ein paar gefährliche Wochen, höchstens Monate,

* Mein Vater, der natürlich vollständig überrascht war (und seit langem ohne Nachricht von mir), hielt die »Verwandtschaft« auch gegenüber den Meldebehörden in Zwickau durch – unterstützt von Hildegard B., die von vielen Leuten in der Stadtverwaltung geliebt wurde (vgl. S. 97).

zu überstehen, denn daß der Krieg nicht mehr sehr lange dauern konnte, war im Dezember 1944 klar. Gefahr bedeuteten in erster Linie die Streifen der Feldpolizei und der SS, doch auch Denunzianten waren nie auszuschließen. Ich wollte lieber allein, autonom, nur auf mich selbst gestellt, von meiner Geschicklichkeit abhängig sein – die Chance, zu überleben, schien mir dann größer. Angesichts des herrschenden Chaos war die Chance nicht klein.

Außerdem war ich unsicher, ob nach Kriegsende nicht die Lage des einzigen Reichsdeutschen unter österreichischen Freunden schwierig werden könnte; für sie wie für mich. So reiste der Kurier mit seinen Filmrollen weiter nach Köln, Berlin, Budweis und wieder nach Wien – in Köln gab es einen älteren Freund und eine alte Liebe, man bot mir Asyl in einer linksrheinischen Wohnung an, aber noch immer fühlte ich mich sicherer als Kurier.

Im März 1945 erreichte mich der »richtige Krieg« dann doch – nur auf der anderen Seite: ich schleppte Munition für einen Feldwebel der amerikanischen Armee, lebte mit von den K-Rationen der Einheit und forderte deutsche Stützpunkte als einsamer, waffenloser Verhandler zur Übergabe auf.

Ein paar Tage Gefangenenlager Anfang Mai; dann, am Tage des Waffenstillstands, brachte mich ein US-Lastwagen an die thüringisch-sächsische Grenze.

In den 50er Jahren, inzwischen war ich Bürger der Bundesrepublik, forderte irgendeine Militärbehörde von mir Angaben zur *Wehrstammrolle,* wenn ich den Fachausdruck richtig behalten habe; ich fand, es sei nun endgültig genug, und warf den Brief unbeantwortet weg.

Anmerkung zu J. W. v. Goethe

»Der Physiker Helmholtz (. . .) verspätete sich bei seiner Trauung. Befragt, warum, sagte er: ›Ich habe im Goethe gelesen‹ «. Dies war keine Entschuldigung, es »war ein Bekenntnis seines festlichen Zustands«. (H. Mann)

Goethe – das war eine Welt; er hat mir zu viel bedeutet, als daß es mit der gelegentlichen Erwähnung des Namens sein Bewenden haben dürfte.

Die innere Lebensgeschichte schon des Sechzehnjährigen war ja von Widersprüchen bedrängt und belebt: unvereinbar die Schule als Bildungsanstalt (die sie noch war) und die intervenierende Verworrenheit des Nationalsozialismus, die Sichtkontrolle des Internats und die entzückte Einsamkeit, in die uns Gefühl und Gedanke nötigen. Sogar Rede und Schweigen mußte der junge Dissident verteidigen – gegen den Lärm der faschistischen Öffentlichkeit und die lügenhafte Stille ihrer »Weihestunden«. Für diesen Sechzehnjährigen, aus Vaters Bibliothek mit Goethe vertraut – Halbleder, mit Gold, Rot, Blau – waren die »Urworte – Orphisch« schon ein Verhalten zur Welt, wenn er sie las; nämlich der Versuch, der Welt der Macht und ihrer Öffentlichkeit zu widerstehen. Dämon, das Zufällige, Liebe, Nötigung – Hoffnung:

»Ihr kennt sie wohl, sie schwärmt durch alle Zonen
ein Flügelschlag – und hinter uns Äonen!«

(Mit Bleistift hatte ich am Rand der Seite notiert, was das Fremdwort »Äonen« bedeutet.) Ein, zwei Jahre später entdeckte ich den »West-Östlichen Divan« und damit eine Chance, dem sogenannten Jahresaufsatz der Oberprima (»Worum handelt dieser Krieg?«) eine hilfreiche, d. h. für mich und für die Schule akzeptierbare Wendung zu geben.* Für das Jahr 1942 kann ich endlich sagen, Goethe habe *uns* viel bedeutet – eine Welt. Dieses »uns« umfaßte meinen

* Vgl. S. 94

Freund Leo B. und mich. An einem unserer ersten Abende überraschte mich Leo mit einer Prunk- und Daseinsmaxime, die er im Kopf mit sich herumtrug:

»Also das wäre Verbrechen (. . .)
Daß kein Name mich täuscht, daß mich kein Dogma beschränkt?
Daß nicht des Lebens bedingender Drang mich, den Menschen, verändert
Daß ich der Heuchelei dürftige Maske verschmäht?«

Das war natürlich Goethe. Es wurde unser Leitspruch, so wollten wir sein und werden. Bei einer Dienstfahrt nach Wien fanden wir in einer öffentlichen Bibliothek heraus, daß Goethe sich mit diesen Sätzen – und bewußt in antikem Versmaß – gegen weimarsche Dunkelmänner wendete, die ihm einen Vorwurf aus den sittenwidrigen »Römischen Elegien« und »Venezianischen Epigrammen« gemacht hatten. Auch wir hatten unsere »Dunkelmänner«: damit meine ich nicht die Nazis und Offiziere, auf die mit Goethe zu antworten uns fern lag, und denen gegenüber es keinerlei Nötigung zu offensiver Rechtfertigung geben konnte (»daß kein Name mich täuscht / daß mich kein Dogma beschränkt . . .«), sondern unsere antifaschistischen Genossen: Es hat unter ihnen einige Dogmatiker und »Mucker« gegeben, denen unsere Lebensformen ein Ärgernis gewesen sind.

Bei Goethe fanden wir natürlich nicht nur Maximen, ein »Prinzip, in dem wir erst noch fest werden wollten« (um Kästner, einen Zeitgenossen Goethes, zu zitieren), er bot uns auch gestalteten Ausdruck für die Aktualität. Im Jahr 1943 ließen unsere Ideen über Nachkrieg und politische Zukunft eine – vorübergehende? – Trennung als unvermeidbar erscheinen. Eine Zeitlang hielt ich es für wahrscheinlich, daß ich nach dem Ende des »Dritten Reiches« Deutschland verlassen, d. h. emigrieren würde. Doch auch für die nähere Zukunft war es nicht auszuschließen, daß einer von uns gezwungen sein würde, zu desertieren (oder »unterzutauchen«), ohne den anderen mitnehmen zu können. Der Gedanke an Trennung war uns schmerzlich. So lasen wir die dritte *Ode an Behrisch:*

»Tod ist Trennung,
Dreifacher Tod
Trennung ohne Hoffnung
Wiederzuseh'n.

Gerne verließest du
Dieses gehaßte Land,
Hielte dich nicht Freundschaft
Mit Blumenfesseln an mir.

Zerreiß sie! Ich klage nicht.
Kein edler Freund
Hält den Mitgefangenen
der flieh'n kann, zurück.

Der Gedanke
Von des Freundes Freiheit
Ist ihm Freiheit
Im Kerker.

Du gehst, ich bleibe.
Aber schon drehen
Des letzten Jahr's Flügelspeichen
Sich um die rauchende Achse.

Ich zähle die Schläge
Des donnernden Rad's,
Seg'ne den letzten –
Da springen die Riegel, frei bin ich wie du.«

Wir lernten zwei der Oden auswendig.* Hatten wir uns mit dem großen Dichter »identifiziert«? Keine Spur, *er* identifizierte für uns Aspekte unserer Lage, unserer Bildungsprozesse; das war sein Gebrauchswert.

Nun war der Dichter und Geheimrat nicht nur ein »Wunder«: wo immer wir ihn kritisierten, stellte er sich jenseits der Debatte als unberührbar, als eine Gestalt des fortwährenden Erstaunens für uns wieder her; er war auch ein Monument. Ein europäisches und nationales. Der Natio-

* Um sie verfügbar zu haben, wenn wir sie brauchten; das galt auch für andere Texte.

Die zweite der »Oden« bezeichnete unser damaliges Bild von Deutschland und Österreich; ich füge einige Strophen auf der nächsten Seite an.

nalsozialismus sah sich gezwungen, Goethe für sich zu reklamieren, denn ihn wegzuleugnen, ging nun einmal nicht an. Aber gerade weil HJ und SA nach Weimar pilgern mußten, ob sie nun selber wollten oder nicht, weil der Dichter der »Dichterfürst«, *der* »Klassiker« auch des NS-Kulturbetriebs war, enthielt unsere Zuwendung zum Verfasser der Oden an Behrisch usw. ein heiteres, ein ironisches Element. Wir wußten, daß Goethe Konterbande war, und doch hatte ihn jeder gebildete Deutsche und SA-Mann gefälligst zu lesen.

Anpassung als Widerstand – das war selten.

Aus der 2. Ode:

»Du gehst! Ich murre. –
Geh! Laß mich murren.
Ehrlicher Mann,
Fliehe dies Land!

Tote Sümpfe,
Dampfende Oktobernebel
Verweben ihre Ausflüsse
Hier unzertrennlich.

Gebärort
Schädlicher Insekten,
Mörderhöhle
Ihrer Bosheit!

(. . .)

Dort halten zuckende Kröten
Zusammenkünfte auf Kreuzwegen.

Schaden sie nicht,
Werden sie schrecken. –
Ehrlicher Mann,
Fliehe dies Land!«

Der Krieg: Rückblicke

Es wird weiter gelernt

Ich habe von einem langen Politisierungsprozeß berichtet. Wie lebt ein anarchisches Kind im »Dritten Reich«? Wie bildet sich ein Antifaschist im Wildwuchs, und wie wird aus ihm später eine politische Existenz? Die großen Ereignisse, scheint es, haben weniger dazu beigetragen, als zu erwarten wäre. Mein schwarzer Frühling und Herbst 1938 waren nicht die Europas – was die europäischen Konfigurationen erschüttert hat, die Annexion Österreichs, die Katastrophe von München, das Ende der tschechoslowakischen Republik, war auf den Heranwachsenden nur vermittelt von Einfluß. Das folgende Jahr 1939 brachte eine Revolutionierung meiner Lebensverhältnisse *und* der vieler Staaten. Ich mußte ja in Zwickau ein Zimmer finden, um dort als Untermieter zu wohnen, ich wechselte die Schule – da erschloß sich rasch eine neue Welt. Eine tief veränderte Alltäglichkeit, von revolutionierenden Bildungsprozessen gefolgt. Für Europa begann 1939 der Krieg.

Daß Geschichte und Lebensgeschichte auseinandertreten können, so sehr auch erstere, in der Art eines transzendentalen Rahmens, unserem Leben Bedingungen setzt und so oft spürbar auch ein direkter Zugriff der Geschichte werden muß, hat mehrere Gründe. Einer liegt auf der Hand: Es gibt für die innere Lebensgeschichte des einzelnen zentrale, thematische Gestalten und Ereignisse, die, bemessen an den »großen« Ereignissen, nicht geschichtsfähig sind. Mein zentrales Thema 1933/34 war nicht die *Machtübernahme*. Vielleicht der Übergang zum Gymnasium, sicher die Rückkehr zur Volksschule. Vor allem: Ich hatte mich unüblich heftig in ein neunjähriges Mädchen verliebt, eine ebenso süße wie am Ende kummervolle Angelegenheit; von einem Ernst, wie sie Liebesaffären nur in einem so unabhängigen Lebensalter haben können. Das historisch Bedingte an ihr wäre aufzufinden, aber wo blieben da Garten und Walnußbaum? Eine Handvoll Nüsse, die ich ihr brachte, über eine Mauer kletternd, die ihren Spielplatz – den Balkon – von meinem, der Straße, trennte, war der Beginn einer »Kinderfreundschaft«; so nannte es jedenfalls ihre Mutter, die mir wohlwollend zusah. (»Wenn's nur kein Gassenjunge ist«, sagte sie wörtlich.) Kinderfreundschaft? Noch 1946 las ich den Namen des Mädchens in der Liste von Absolventen des Leipziger Konservatoriums mit Herzklopfen, obwohl ich sie elf Jahre früher das letztemal gesehen hatte.

Einem Kinde wird man diese Abstraktion vom Geschichtsprozeß zugestehen, es entwickelt *sich;* in einem Rhythmus, der weder geschichts- noch akkumulationsfähig ist. Aber warum tritt der Krieg, der Überfall auf Polen im Herbst 1939 noch für den 17-/18jährigen hinter privaten Ereignissen zurück? Wieder eine Frage des »Lebensthemas«? Der Umstand, daß ich die geschlossene Kunstwelt des Internats verlassen, ja: nicht nur verlassen, sondern sie gesprengt hatte, daß das consilium abeundi ohne Narben bewältigt und die neue Lebensform gefunden war, begründeten gewiß ein Lebensgefühl weit jenseits der historischen Realität des Kriegs. Es war eine Lust zu leben und zu lernen, mit beiden Händen in der Wirklichkeit einer kleinen Stadt, und – endlich! – Interpretationen zu begegnen, die den eigenen Erfahrungen, Erwartungen und rebellischen Attitüden um so vieles angemessener waren als alles vorher Gehörte.

Es gibt aber einen zweiten Grund dafür, daß der Ausbruch des Kriegs und die Zerstörung Warschaus für mich kein ähnlich umwälzendes Ereignis war wie für manche andere; ein Grund, der selbst die Qualitäten des »objektiven‹historischen Datums hat. Für mich und meine Freunde war die Differenz zwischen innerem Faschismus und dem Überfall auf Polen nicht groß. Der Krieg erschien uns als eine Fortsetzung genuin nationalsozialistischer Politik; sie ließ Menschen an einer ihnen aufgezwungenen Front oder im Konzentrationslager sterben.

Die mit dem Begriff »Vaterland« verknüpften Werthaltungen und der Mythos der »soldatischen Pflicht« haben damals manchem konservativen und liberalen Antinazi diese Identität verundeutlicht. Wenn die *Liebe zum Vaterland* erst einmal tief in die Zone des »Lebensgrundgefühls« eingedrungen ist*, haust sie in der deutschen Innerlichkeit zeitweilig wie die Soldateska im Dreißigjährigen Krieg: plündernd und vergewaltigend.**

Dieser Inkubus hindert Menschen daran, bestimmte Erfahrungen zu machen, in denen der Krieg die Schrecken der Normalität enthüllt. Dazu eine Geschichte.

Im Spätherbst 1939 mußten sich Personen meines Geburtsjahrgangs von einer Behörde registrieren lassen; sie hatte die Außenstelle für meinen Wohnbezirk in Räumen meiner alten Schule eingerichtet. So sah ich das frühere Protestgelände wieder, vom Krieg schon verändert. Am Schwarzen Brett vorm Treppenaufgang hing die erste Todesnachricht. Wenige Tage nach Beginn der »Kampfhandlungen« war Heinz Bl. in Polen gefallen; einer der älteren Internatsschüler, mit dem ich 1938 befreundet war – von meiner Seite war viel Zuneigung im Spiel, vielleicht auf der Suche nach dem verlorenen Bruder Frank. Ich flüchtete vor den umherstehenden jungen Leuten in die Internats-Schuhputzräume im II. Stock, wo sich um diese Tageszeit mit Sicherheit niemand aufhalten würde, und weinte. Der Schmerz galt überwiegend dem gewaltsam zugefügten Tod vor der Zeit. Aber nicht nur ihm. Dem Anschlag war eine Fotografie des »Gefallenen« beigefügt: Da lehnte er in Uniform, schmal lächelnd, im Gestus des Eroberers an seinem Panzer; mir fremd geworden, fast unkenntlich, sogar unangenehm.

In meinem Kummer klammerte ich mich an meinen Entschluß, nie jemanden zu töten; neben dem Abscheu davor, Befehle zu geben oder Befehlen zu gehorchen, bis heute das bleibende Ergebnis sehr widersprüchlicher Lernprozesse. Das erschreckend »Unangenehme«, Fremde blieb fürs erste unentfaltet, aber nicht für lange. Der Kern dieser

* Ein Terminus der Ganzheitspsychologie.

** Und nimmt bis heute die Form der nationalistischen Dummheit an – als Luise Rinser den Kniefall W. Brandts im Warschauer Ghetto lobt, sagt jemand: »Es schlägt der deutschen Ehre ins Gesicht, bei den Polacken um gut Wetter anzuhalten!« In: Grenzübergänge, Frankfurt 1977, S. 82

Erfahrung ist ja evident: Die *Normalität* – hier: als »frontauglicher« junger Mann Soldat zu sein – macht nicht nur zum Opfer, sondern auch zum Henker; der Freund, der da starb, tötete. Und gerade er war doch einer gewesen wie ich.

Was ist das für eine Normalität!*

Der NS-Staat gedachte der Gefallenen auch:

»*Chöre der seligen Krieger* aus Himmelshöhen
Stimmen der Jungdeutschland-Regimenter:

›Mutter, klag nicht, daß wir geendet!
Es war nicht umsonst: Wir sind vollendet!‹

Die Mutter erschüttert, aber stark:

›Selig die Vollendeten, schwerebefreit.
Selig die Lebendigen: denn ihrer ist die Zeit.‹

Schluchzende Mütter. In das Schluchzen dringt ein irdisch Marschlied heran.

Böser Geist:

›Das auch noch! Da zerplatz doch gleich!!
Das also gibt's: ein drittes Reich!!?!‹

Mit Getöse in die Tiefe. Aus dem Himmel Orgelton. (. . .) Sakral. Rhythmisch und harmonisch vermählt dem irdischen Marschlied.«**

Das war leicht zu durchschauen, dieser verballhornte Faust. »Mitten im Tode sind *wir* die Lebenden« (R. Euringer) –? So wird der Toten gedacht, wenn sie und das, was sie taten, ebenso vergessen werden soll wie das, was ihnen widerfuhr.

Aber wenn wir im Schulchor das »Deutsche Bekenntnis« von H. Spitta sangen, mit einem nur wenig besseren Text (wenn auch mit einigen schönen, bei Schiller geplünderten Zeilen), fröstelte es mich bei der Ästhetik dieser archaisierenden Tonfiguren vor Ergriffenheit. Ich hätte hinterher vor

* Und die französischen oder amerikanischen Soldaten im 2. Weltkrieg? Sie haben später Krieg auch in Vietnam und Algerien geführt.

** R.Euringer, Deutsche Passion 1933, Oldenburg i. O. 1933, S. 7

Wut über mich manchmal zerplatzen mögen wie der böse Geist. (Ähnlich ist es mir damals mit Richard Wagner ergangen.) Aber ich habe es solchen Residuen der Normalität nie gestattet, größeren Einfluß auf Kopf und politisches Handeln zu gewinnen. Die Seele blieb anfälliger.

Nur das unbeaufsichtigte Kind, der kleine Stadtwilde, hatte 1934 oder 1935 ein noch unangefochtenes Maß an Unabhängigkeit gegenüber den vielen gestiefelten Göttern, mit denen der NS-Staat ein gläubiges Volk bezwang. Daran änderte sich später manches. Es gab während der Internatsjahre gewisse Zeiten, nachgiebige, in denen ich die Reihe der Führer und *den* Führer mit Glücksgefühlen sah – da eine Galerie von guten Vätern, dort die Kinder, anhänglich und treu; nur daß diese Stimmungen vorübergehend und merkwürdig abstrakt geblieben sind. Sie fanden mich dort und überwältigten mich gelegentlich, wo ich Zuschauer war: in der Wochenschau oder in Filmen über den Reichsparteitag. Aber in »Reih und Glied« fand ich mich bloß isoliert, langweilte mich, vertrat mir ungeduldig die Füße, wenn »oben«, auf der Tribüne, ein Führer sprach. Soweit ich weiß, hatte ich nie das Bedürfnis, »den Führer« zu sehen, was damals ein verbreitetes Bedürfnis war und glaubhaft junge Leute für die Anstrengungen entschädigte, die eine Teilnahme an entsprechenden Gelegenheiten von ihnen forderte.

Auch diese abstrakten Glücksgefühle gaben sich irgendwann. Der Siebzehnjährige war längst wieder von Schauern frei, von denen des Glücks wie denen der Angst. Die Seele blieb nur in Maßen anfällig.

So erinnere ich mich, daß Marschmusik noch für den Abiturienten etwas »Gleichrichtendes« behalten hatte. Ich mochte sie nicht. Man hörte sie oft auf der Straße, und – doch meine eigenen Wege gehend – fiel ich unwillkürlich in Schritt und Tritt. Lag darin ein Einwand gegen meinen zeitig ausgebildeten Antimilitarismus? Marschkolonnen fand ich 1939 schon längst abstoßend, in ihnen mitzulaufen lächerlich – der Einfluß des Rhythmus aber auf unwillkürliche Bewegungen wie den menschlichen Gang schien mir eine ganz andere Sache zu sein, ein außerpolitisches, ahistorisches Phänomen, Sache der Psychologie oder einer allgemeinen Ausdruckslehre. Gleichwohl überstand das Phänomen die

Kriegsjahre nicht. Marschrhythmen, so hieß es ausdruckskundlich, »eröffnen Weite« – gewiß, die Weite Europas für den Angreifer, und der menschliche Gang, den Marschrhythmen raumgreifend ordnen, geht leider unmenschlich in Stiefeln einher. Wer das weiß, wird eines Tages auch nicht mehr angesteckt, der gleichrichtende Effekt der Marschmusik entfällt.

Nur daß »Wissen« hier mehr als die Verfügung über abrufbare Information meint, es ist ein *learning by heart.* Eine zeitlang, als halbes Kind, war ich auch den Gefühlsübertragungen erlegen, die von einer Menschenmenge ausgehen, die ihre Nationalhymne singt. »Deutschland, Deutschland über alles«: Ichgrenzen schmolzen, es entstand ein Erlebnis des Einsseins, der triebnahen Erregung, des Glücks . . . Nur: Folgen hatte ich daraus nie zu ziehen gewußt. Das Erlebnis war nicht in das »danach . . .« transportierbar, es endete mit der Feier, der es sich verdankte.

Als ich 1941 nach Wien einrücken durfte, hatte ich für Hymne und Massengesang schon nur noch zynische Gesten. Doch als mich Anfang 1943 ein Offizier einlud, in seiner Wohnung der Übertragung einer Beethoven-Sinfonie zuzuhören, empfand ich während des Konzerts für ihn Wärme, ja: eine kurze Minute der Anhänglichkeit! Was ist das für eine Welt, in der solche emotionalen Erlebnisse nichts als Tricks der Faschisierung sind? Eine Welt, die von unseren Schwächen mit konstituiert wird; nichts ist mehr anzuklagen als unsere eigene Verführbarkeit.

Eines Tages, noch während des Kriegs, war ich dann schlicht gleichgültig gegen Hymnen und musikalische Verbrüderung geworden – ich *wußte.*

(1952, inzwischen Student in Münster/Westf., erhielt ich Besuch aus der DDR. Ein Vorwurf aus der erregten Diskussion ist mir in Erinnerung geblieben: Ich sei unfähig, mitzuerleben, was sich den Zehntausenden mitteile, wenn sie in der Ostberliner Werner-Seelenbinder-Halle die DDR-Nationalhymne sängen. Ja, solange es die falschen Lieder (und Hallen) sind. Es dauerte bis 1966/7, ehe ich die richtigen Lieder, im richtigen Kontext, hörte und mich mit Lust »verführen« ließ.)

Vom Militärdienst wurde ich in manchen meiner kritischen Erwartungen glänzend bestätigt. So in der Annahme, daß es besonders der Offizier schwer haben muß zu lernen: nach »oben« verbietet das Reglement ihm fast jede Kritik, von »unten« ist er für Kritik unerreichbar, also bleibt er sogar als Illoyaler in der Regel politisch dumm. Ganz anders dagegen die Illoyalen »unten«: Das permanente Mißtrauen in den Vorgesetzten bringt sie quasi-natürlich in die für das Lernen günstigste Lage. Ich hielt mich während der Militärjahre selbst für einen raschen Lerner, und gefühlsartige und affektive Überbleibsel aus der Kindheit abzustreifen, war oft lustvoll genug.

Oft, nicht immer; manchmal wurde ich auf solche Residuen erst durch Kriegsereignisse unerfreulich gestoßen. So konnte ich etwa 1943 nach Handlungsweise, Gesinnung und Einsicht längst als ein aktiver, junger Antifaschist gelten, ein Sympathisant der KPD, dem der Nationalsozialismus fern lag. Sogar auf ihn als den Gegner war ich nicht überschießend fixiert.* Aber in diesem Jahre 1943 sah ich das erstemal, an der österreichisch-ungarischen Grenze, russische Kriegsgefangene bei Erdarbeiten. Nun wußte ich, wie die russischen Kriegsgefangenen in deutschen Lagern behandelt wurden, und ich war, obwohl ich meine »Grundzüge des Marxismus« zum Teil aus der Großen Sowjetischen Enzyklopädie beigebracht bekommen hatte, alles andere als ein Antibolschewist. Aber gleichwohl: Ich sah da einen Mann auf der Erde knien, zerlumpt, abgemagert, mit Glatze, blauen Flecken auf der Haut, tiefliegenden, zugleich blutunterlaufenen Augen, schwarzen Zähnen, Schrunden und Rissen überall, außerdem – für mich – ausdruckslos, ohne Physiognomie, nichts mehr da zum »Einfühlen«. Wie mit einem Schlag erschien vor meinem inneren Auge die Vorstellung des asiatischen Untermenschen; erschien die Vorstellung, daß es doch bei den Tartaren, hinter dem Ural, Russen, Leute gäbe, die überhaupt noch keine Kulturstufe erreicht hatten und deren antizivilisatorische Instinkte, deren Raubtierqualität sich im Bolschewismus hatte entfalten können. Dieses Imago anti-

* Ein Vorzug des »Antifaschismus im Wildwuchs«, der in der Frage der Normalität die Differenz von bürgerlicher Gesellschaft und Nationalsozialismus so sieht, wie sie alltäglich ist: nämlich eher gering.

bolschewistischer Propaganda des Nationalsozialismus steckte so tief und unbemerkt in mir, daß ich dem Kriegsgefangenen gegenüber Widerwillen und Angst empfand. Obwohl ich – oder vielleicht gerade weil ich glaubte, dergleichen Residuen des Faschismus bei mir nicht suchen zu müssen, hatten sie sich meiner Spontaneität bemächtigt. Nun redete mich der Gefangene glücklicherweise an. Er sprach fließend deutsch. Es stellte sich heraus, daß er ein Filmregisseur aus Leningrad war. Man kann wohl sagen, daß ich Glück gehabt habe: daß er mich ansprach, und wie er das tat, durchbrach schlagartig den spontanen »Sekunden-Mechanismus« der Wahrnehmung. Ich hatte Glück, zum drittenmal, weil man eine solche Lehre nicht wieder vergißt. Es ist heute nicht schwer, in solchen tiefsitzenden, dem Bewußtsein entzogenen Interpretations-Mechanismen Abkömmlinge des »Klassenkampfs von oben« zu entdecken: Der Antibolschewismus der Nationalsozialisten hatte in diesem alle mit dem Proletariat verknüpften negativen Ideen des Bürgertums radikalisiert, kriminalisiert, entmenscht.

Was haben wir gewußt?

Wie der Leser weiß, habe ich früh gelernt, was GESTAPO und Denunziation bedeutete. Es gehörte 1933/34 zur Allgemeinbildung, dies zu wissen, der Nationalsozialismus hat kein Geheimnis daraus gemacht, er hat sich des Terrors gerühmt.

Nun hat der NS-Staat in den Jahren der relativen Ruhe und Reorganisation – also von der Ermordung Röhms im Sommer 1934 bis Ende 1937 – der Majorität der Bevölkerung allerdings die Chance eingeräumt, die Lektionen des brutalen Anfangs zu vergessen, während er Minderheiten erwürgte oder doch den Strick um ihren Hals enger zog: das Idyll für den Staatsbürger, das Grauen für den Staatsfeind.

Doch obwohl ich ein Internatsschüler war, eine Lage, die breitere Kommunikation erschwert hat, weil sie aus dem

Alltag des NS-Staats ausschloß, erreichten mich auch 1936/37 zwei Gruppen von Informationen: die erste bezog sich auf den Umstand, daß Leute verschwanden, von der Polizei oder der GESTAPO abgeholt, und ich verstand durchaus, daß es sich da nicht um jenen Typ von Verhaftung handelte, der unseren Hausmeister 1932 vor Gericht und ins Gefängnis gebracht hatte. Es gab neben der öffentlichen Gerichtsbarkeit eine zweite, terroristische »Justiz«, die während der Nacht kam. (1939, also mit 17 Jahren, hätte ich einem interessierten Zuhörer schon an Beispielen erklären können, wo und wie sich die Differenz der beiden Gewaltsysteme verringerte oder wann die GESTAPO begonnen hatte, gewisse, ihr unangenehme Freisprüche zu korrigieren – indem sie den Freigesprochenen in »Schutzhaft« nahm.) Daß es in den KZ's blutig zuging, war bekannt.

Die zweite Gruppe von Informationen war jedermann zugänglich, wie mir scheint. Sie betraf das Schicksal der Juden. Der langsame Prozeß ihrer Entrechtung vollzog sich öffentlich. Aber dennoch hat es sehr lange gedauert, bis mir die eigentliche und furchtbare Bedeutung des praktizierten Antisemitismus aufging. Ich meine damit, daß ich keine zureichende Vorstellung, keine Phantasie über das Elend hatte, das die NS-Gesetzgebung über die Juden brachte, und daß alle Informationen über das jüdische Schicksal für mich lange Zeit hindurch isolierte, fragmentierte Nachrichten geblieben sind, ohne Verbindungen zu jenem – schwankenden, widersprüchlichen – Konzept des »Ganzen« der NS-Gesellschaft, wie es sich in einem 16jährigen langsam bildete.

Nicht die »Kristallnacht«, sondern die Emigration des Vaters meiner Halbbrüder brachte hier die Zäsur.* Bis dahin, Herbst 1938, blieb das Schicksal der Juden für mich viel randständiger als das der Kommunisten oder der Homosexuellen. Dazu trug zweifellos bei, daß es zwar wenigstens *Gerüchte* über KZ-Lager, politische Verfolgung gab; auch über Erschlagene, Gefolterte, Erschossene, Verschwundene, aber *keine* Gerüchte über das Leben – oder das langsame Sterben – der Juden.

* Vgl. S. 78

Man sah sie ja auch nicht mehr, oder kaum. Und wenn man sie sah, hätte man sie nicht erkannt. Woran denn?

Daß es wenig Gerüchte über Judenverfolgungen gab, ist gleichwohl merkwürdig, und wenn diese meine Erfahrung hier verallgemeinert werden darf, so vielleicht auch eine andere. Ich sagte schon: Wir wußten, daß es KZ's gab, und kannten – ungefähr – ihre Realität. Dennoch habe ich viele Lagernamen erst nach dem Krieg gehört. Die Gerüchtebildung war also auch hier bemerkenswert unvollständig. Ich habe keine Theorie über die mutmaßlichen Ursachen, ich glaube aber, wenigstens ein dafür wichtiges Element der damaligen Kommunikationsstrukturen zu kennen.

Es gab bei manchem sonst Hellhörigen eine spürbare Abwehr dagegen, gewisse Nachrichten über das Grauen im NS-Staat zur Kenntnis zu nehmen: Man erschrak, aber verstummte, wurde unwillig, vergaß. Ich *wollte* wissen, und das »Vergessen« erschien uns als unwürdig. Und doch erinnerte ich mich, daß ich gelegentlich den Impuls verspürte, mich zuzuschließen, wie ein indischer Affe nichts zu sehen und nichts zu hören. Warum? Doch nicht um mich der Einsicht in Struktur, Charakter und Zielsetzung des »Dritten Reichs« zu entziehen. Manchmal aus Scham: es gab Verbrechen, denen gegenüber es fast unerträglich sein konnte, Zuhörer zu sein. Im Zugabteil reichten junge Soldaten Fotos herum – nicht die ihrer Bräute, sondern die aufgehängter Polen oder Russen; der Soldat, grinsend, im Vorder- oder Hintergrund, je nachdem. Manchmal aus Angst: vor der Sühne. (War ich denn nicht unschuldig? *Gibt* es denn im geschichtlichen Kontext Unschuld?) Manchmal – aus Grauen. Ich wollte ja leben, und nicht nur überleben, das heißt aber: Ich wollte auch lachen, mich verlieben, mit Genuß meinen Tee trinken und Gedichte schreiben, und das – oder Ähnliches – wollten auch meine Freunde. Wie soll man das Leben nicht lieben? Und wie konnte man das – nur zu genau wissend, was im Machtbereich des NS-Staates und seiner Heere geschah? 1942 las ich in Österreich eine Kopie der berühmten Predigt des Kardinals v. Galen gegen die »Vernichtung lebensunwerten Lebens«, die Euthanasie.* Auch

* Vielleicht war es doch keine Kopie, sondern eine Zusammenstellung Galen'scher Argumente; jedenfalls war der Text verläßlich.

hier teilte sich dem mitfühlenden Individuum ein Entsetzen mit, das schwer zu bewältigen und doch leicht mit dem »Leben« zu vereinbaren war – der Tee schmeckte.

Es gab eine nicht abreißende Folge solcher Nachrichten.

Als ich im Sommer des gleichen Jahres den ersten Menschen mit einem Judenstern sah*, traf mich das tief, ein Aufstand von Teilnahme und von Haß gegen den NS-Staat. Aber zu diesem Zeitpunkt verfügte ich schon über unvergleichlich mehr Informationen über das »Grauen« als in den (Internats-)Jahren zuvor. Und nicht nur aus dem englischen Rundfunk.

Etwa um die gleiche Zeit, oder wenig später, hörten wir, daß russische Kommunisten und Politoffiziere (»Kommissare«) praktisch ausgerottet werden sollten. Und daß es über die Katastrophe Polens hinaus Absichten zum Völkermord gab, war für mich Ende 1942 schrecklich evident.

Wurden auch die Juden ausgerottet? Soweit ich mich richtig erinnere, hätte ich 1942/43 eine solche Frage mit »ja« beantwortet, aber dabei an Hunger und Seuchen (oder an den lebensverkürzenden »bürgerlichen Tod«) gedacht; außerdem an begrenzte, wenn auch fürchterliche »Aktionen« im russischen Kriegsgebiet, über die genügend viele Soldaten berichtet hatten. Das wirkliche Ausmaß der sogenannten Endlösung – und die Technologie der Vernichtung – blieb mir trotz einiger Nachrichten von ausländischen Sendern bis Kriegsende unbekannt.

Ich habe berichtet, daß ich 1942/43 in einem Kriegsgefangenenlager in Österreich als Schreiber des Landesarbeitsamts Kontakte mit Genossen der KPÖ fand. Es gab in diesem Stalag XVII A (»Kriegsgefangenen-Stammlager«) neben englischen, französischen, bald auch italienischen und rumänischen Gefangenen auch *russische;* ihre Baracken waren von allen Lagerbereichen durch dichte Schranken abgesperrt und nur von wenigen betretbar. Gleichwohl erfuhren wir, wie die russischen Soldaten behandelt wurden. Es war erschreckend, in einer emotionalen Tiefe, die sich der begrifflichen Darstellung verweigert.

Was ich als Erschrecken, als Schock, als »Grauen« be-

* Polizeiverordnung vom 1. 9. 1941

zeichne, verschob etwas in den *Erwartungen über Leben und Tod.* Es starben da nicht Individuen ihren Tod. Was sich veränderte, war der Tod der Gattung: nicht »ewig gleichgültige Natur«, sondern gleichgültige Gesellschaft. Kein Gott oder Sensenmann, sondern eine nationalsozialistische Massenorganisation wie KDF (»Kraft durch Freude«). Kurz: das Sterben – und so auch, aspektweise, das Leben – wurde in der Begegnung mit Realitäten des NS-Staats »anders«; es wurde, für uns innerlich Betroffene, nie wieder das, was es vorher war; bis heute.

Mir scheint, daß die so lückenhafte, ja manchmal ausgebliebene Gerüchtebildung über die »Endlösung« und über manche inländische KZ's im Deutschland der Jahre vor 1945 etwas mit dem Umstand zu tun hat, daß es vielfach eine instinktive Abwehr gegen Nachrichten und facts gegeben hat, die niemand, der sie wirklich erfuhr (d. h. wahrnehmend nachvollzog), glaubte bewältigen zu können. Diese Abwehr funktionierte, wenn ich richtig sehe, besonders bei Menschen, die *nicht* ins Leben verliebt sind – ein Paradox, über das man nachdenken soll.

Und selbst bei Menschen von geringer Sensibilität wurde doch von der erahnten Wirklichkeit des Grauens mehr als ein vordem »gutes Gewissen« in Frage gestellt. Die sich der Wirklichkeit annähernden Gerüchte, Erzählungen, Informationen gefährdeten jene verbreiteten Anpassungssysteme des Alltags, mit deren Hilfe Leute sich eben zurechtfinden können; was von der Gewalt des NS-Regimes in Frage gestellt wurde, *war die Normalität selbst.*

Es kommt hinzu, daß es ganz im Vorraum dieses Problems – wieviel Wahrheit meint ein Mensch, unter gegebenen Bedingungen ertragen zu können? – Differenzen in der Vorstellungskraft gab. Man traf Leute genug, die, was sie über KZ's und dergleichen hörten, einfach nicht glaubten; und nicht immer waren sie Nazis. Sie hatten nur irgendein Grundvertrauen in die Qualität der Obrigkeit oder in den deutschen Charakter, das ihnen das Leben leidlich bequem gemacht hat. Oder sie waren vernünftige Leute, die auch auf der Seite des NS-Staats und der Polizei ein Maß an Vernunft voraussetzen wollten. Warum sollte der Führer/die Partei etwas tun, was ihm/ihr am Ende schadet? Wo wäre denn ein Nutzen des behaupteten Terrors gewesen?

Ich kannte auch Leute, die den Gegnern Deutschlands schlicht nichts glaubten. Es gab da in der Tat ein Problem: Man mußte sehr wohl auch den »Feindsendern« gegenüber kritisch und wachsam sein, denn gelogen wurde überall in großem Maßstab.

Ich nahm seit Mitte 1938 den NS-Staat ernst, wenn er *drohte;* man mußte ihm, meinte ich, zutrauen, daß er dann wirklich »das Unmögliche möglich machen« würde, wie Hitler oft genug behauptet hat. Dieser Realismus bezwang übrigens meine gelegentliche Scheu, Informationen aufzusuchen und anzunehmen.

Schon für den Dissidenten, bestimmt aber für den handelnden Antifaschisten, war dieser Realismus unentbehrlich; er erhöhte die Chance zu überleben und sich kritischen Situationen rechtzeitig zu entziehen. Zu *wissen* war letztlich nützlich, und so zeigt sich die Frage von »Wahrheit und Lüge«, von Wissen oder Unwissen beim Illoyalen als ein außermoralisches Problem.

Dagegen war das verbreitete Nichtwissen in der Bevölkerung durchaus auch eine Frage von »Moral«. Die Abwehr, von der ich eingangs sprach, oder das Vertrauen in die Obrigkeit sind zwar psychologisch zu erklären; zu verzeihen sind sie schwer.

Die Befreiung: 8. Mai 1945

Wir erwarteten die Befreiung durch den Sieg der Alliierten.

Also von der Niederlage des eigenen Volks? Dessen Niederlage war der 30. Januar 1933 gewesen. Aber ich fühlte nicht in der Kategorie »eigenes Volk«. Hatte Goethe nicht Freunde in Karlsbad und Prag gehabt? (Man kann von den Klassikern lernen.) Eine der Geliebten meines Bruders Frank war Norwegerin, und in der Schweiz wie in Schweden hatte er immer Freunde. Der Nationalstaat organisiert uns, so schien es mir, falsch, nämlich quer zu den »eigentlichen« Strukturen menschlicher Nähe (und macht uns dadurch untertan) – er stört die wechselseitige Anziehung der Individuen, die sich als gleiche erkennen, weil sie dissident sind, weil sie zu leben wünschen; auch die Nähe der politischen Existenz, in allen Staaten der »Aufklärung«* verpflichtet, wird »national« gefährdet.

Da waren Privilegien im Spiel; der Zwanzigjährige genoß sie ebenso elitär, wie er – in der Gesinnung – ihre Verallgemeinerung heftig wünschte. Daß es sich bei Goethe – oder der Norwegerin Ellen – nicht nur um Privilegien der Bildung, sondern um solche des Reichtums handelte, war ihm zwar bewußt, fiel aber doch in einen Unschärfebereich. Später trat die Idee der Klasse hinzu, die nationalstaatliche Grenzen ihrem Begriffe nach sprengt – für den aufgeklärten und kommunistischen Bürger wie für das Proletariat.

Kommunistische Politik wird dies alles schon auf seinen Begriff bringen, dem nationalen Spuk, den Grenzen, den Währungen ein Ende machen.

Ich sage nicht, daß dies so ist, nur, daß ich als Zwanzigjähriger 1942/43 so dachte. Oder träumte. Ich war Deutscher, aber was heißt ›deutsch‹? Das Wort bezeichnet eine verbreitete Sprache und eine Kultur. Was soll man von einer Kultur halten, die Hitler möglich machte, was von einer Bildung, die den Faschismus mit produziert hat? Nichts. *Nietzsche*, angesichts des Herrn von Bismarck und des militärischen Siegs über Frankreich, erklärte sich lieber zum Polen. Wir hätten bessere Gründe dafür gehabt als er.

Sollte ich auswandern? Das Wort »Deutschland« war für mich doch mehr als eine erlebnisjenseitige Realität oder eine Formel der NS-Propaganda. Ich war deutsch, ich *sprach* Deutsch (und Sprache erschien mir immer als ein Medium hoher Bedeutsamkeit); »Deutschland«, das bezeichnete ebenso sehr einen objektiven Schuldzusammenhang, aus dem Antifaschismus und Dissidenz nicht entließen, wie einen Horizont künftiger gesellschaftlicher Praxis. Ich wußte, was

* Die Anführungsstriche sind wohl eine Zutat von heute.

wir zu tun hatten, um uns zu entschulden, und glaubte zu wissen, wie ich dabei leben wollte.*

Daß ich mich aber gegen »Volk« oder »Nation« gleichgültig oder kritisch, manchmal zynisch verhielt und noch heute als Linker und als Intellektueller mit ihnen nicht viel anfangen kann, obwohl über die kosmopolitischen Träume des jungen Mannes ernüchtert, mag wieder Teil jener Lebensgesinnung sein, die ich in der Kindheit erwarb.

So leicht wird niemand folgenlos in eine Familie von Aus- und Einwanderern geboren. Als Kind sah ich in unserem Haus viele Besucher aus England, Amerika, der Tschechoslowakei, darunter Jazzmusiker, Tänzerinnen und einen Wahrsager aus dem Varieté (vor dem es mich etwas gegraut hat). Die Bibliothek meines Vaters enthielt englischsprachige Bücher, der Lieblingsautor meiner englischen Mutter war Goethe. Von den schwer faßbaren, stimmungsartigen Einflüssen familiärer Überlieferung abgesehen, mag darin ein Grund für meine lebenslange Abneigung gegen Deutschtümelei liegen.

Gut, wir erwarteten die Befreiung vom Nationalsozialismus von den Alliierten (dazu bereit, sie im Land aktiv zu unterstützen, falls sich eine Chance bot), aber was erwarteten wir von ihnen noch? Was sollten sie auf den Spitzen der Bajonette bringen?

Ich dachte: ein Ende des deutschen Generalstabs und der Armee; ich sah das Land nach dem Krieg als – endlich! – waffenlos und entmilitarisiert. (Noch heute verstehe ich den deutschen Stolz auf eine Kaste nicht, die an der Anstiftung zweier Weltkriege hervorragend beteiligt war, und beide

* Ende 1948, nachdem ich die DDR verlassen hatte (zu einer Zeit, in der sie gerade noch *SBZ*, »Sowjetische Besatzungszone Deutschlands«, war), bemühte sich meine Mutter für sich und mich um ein Visum für die USA. Als früheres Mitglied der KPD/SED erhielt ich keines. Mir war das gleichgültig. Meine Mutter zog dann allein nach Stockholm.
1954/55 bewarb ich mich, schon lange arbeitslos, ernsthaft um eine Stelle an einer kolumbianischen Universität, aber als nichts daraus wurde, war es auch gut. Erst zwanzig Jahre später begann ich, an Emigration zu denken.

Die Entwicklung der BRD (und ihrer Linken) bedeutet ja für mich eine lebensgeschichtliche Niederlage, und andererseits – wäre nur das Sprachproblem zu lösen – läßt es sich von Belgrad bis Kopenhagen in sehr vielen Städten ausgezeichnet leben.

verlor.) Ein Ende der Krupps, der großen Bankiers, der Junker und der führenden Nazis; selbst würden wir mit ihnen nicht fertig werden, und so rechnete ich mit einer langdauernden Besatzung. Möglicherweise würde das »Reich« in mehrere kleine Staaten aufgeteilt werden, die Idee, später ein Bürger des Freistaats Sachsen und Thüringen zu sein, fand ich amüsant.

Reeducation? Ich erhoffte mir aus den USA und Großbritannien Ermutigung zur Zivilcourage – in den genaueren Ausdruck *civil disobedience* war ich fast verliebt. Naiv wie ich in gewisser Weise war, eine Konsequenz der Entpolitisierung des gesellschaftlichen Lebens im NS-Staat, machte ich mir über die Formen politischer Herrschaft wenig Gedanken. Der angelsächsische Parlamentarismus bedeutete mir wenig.

Und die Sowjetunion? Von ihr erwartete ich nichts. *Sie* hatte etwas von uns zu erwarten – Arbeit, Geld, Entschuldung, Reparation. Die SU war für mich in erster Linie durch die Verbrechen des NS-Staats, der deutschen Armee, des deutschen Volks definiert. Sie war (fast) ein Opfer des Nationalsozialismus, die Niederlage Deutschlands erlöste sie, sie war nicht Deutschlands Erlöser.

Trotz aller Begeisterung für Lenin und den großen Oktober – von John Reed geschürt, dessen Bericht »Zehn Tage, die die Welt erschütterten« ich 1940 bei Freunden fand – war es für mich damals kein Problem, die SU vom deutschen Kommunismus zu trennen. Ich war ein »Westler«, ohne es zu wissen.

Dahinter verbarg sich eine tiefe Zweideutigkeit der Einstellung zur SU. Diese Einstellung war nicht nur von der Propaganda des Faschismus und von bürgerlichen Ängsten beeinflußt. Warum sangen wir denn als halbe Kinder, 1934 oder 1935, heimlich Lieder wie: »Und höher, und höher, und höher / ein jeder Propeller schreit surrend: Rot Front! / wir sind die Schützer der Sowjetunion!«? Nur, weil es verboten war – so daß wir heutigen Schülern ähnelten, die ihre Lehrer durch Naziparolen zur Verzweiflung bringen? In meiner Erinnerung stellt es sich anders dar. In den Kinderstuben und Schulklassen des Bürgertums gingen Gerüchte und Gesten um, die sich in unseren Köpfen zur Idee einer unklaren

Einheit von NS-Staat und SU, von Bolschewismus und Nationalsozialismus verdichteten. Einer Übereinstimmung, die als Geheimnis behandelt wurde – warum? Weil sie als Geheimnis behandelt werden *mußte*.

Wessen Geheimnis war sie? Jedenfalls das der »Macht«. Indem wir – insgeheim! – das oben zitierte Kampflied sangen, versuchten wir uns spielerisch als Teilhaber an der »Macht«, aber zugleich bewahrten wir das Geheimnis; niemand durfte uns hören.

Der Pakt des Jahres 1939 hatte für mich (und den einen oder anderen gleichaltrigen Freund) eine merkwürdige Qualität, die auf solche kindlichen Phantasien zurückweist. In unseren Reden über den Krieg tauchte das Phantom eines deutsch-russischen Imperiums vom Ural bis nach Nordafrika auf, es löste den Alptraum einer deutschen Vorherrschaft in Europa vorübergehend ab.

Uns beruhigte dabei der Gedanke, daß eine solche kontinentale Expansion die Ideologien und Lebensformen der beiden Systeme notwendig abschwächen und auflockern müsse, ja daß der Einfluß der eroberten Kulturen Frankreichs oder Spaniens bald sehr groß sein werde, und uns also ein Leben nach unserem Sinn vielleicht sogar eher möglich sein könne als in der provinzialisierten Gegenwart.

Wir hielten einen Triumph dieser deutsch-russischen »Achse« für möglich (wie ja manchmal auch eine Sieg Hitlers).

Dies alles war übrigens nicht eindeutig; in anderen Gesprächen und Träumen nahmen wir die SU gegen den Antibolschewismus des NS-Staates in Schutz und suchten in dem, was wir über die UdSSR hörten, Symptome, die uns eine Identifikation mit ihr ermöglicht hätten und fanden viel.

In der klareren Sphäre der Jahre 1940 und 1941 schwanden diese Zweideutigkeiten und Hintergründe schnell und vollständig aus meinem Gedächtnis; der »Pakt« wurde nun – *korrekt* – als vorübergehender taktischer Kunstgriff der UdSSR interpretiert.

Diese Mitteilungen sind freilich in einem Punkte unvollständig. Ich erwartete vom Sieg der Alliierten nicht nur die Befreiung. Es war, so schien es mir, möglich, daß Deutsche erschlagen werden würden, daß die Besetzung des Landes den Charakter der Strafexpedition annehmen könne, daß Deutschland für das »Grauen« zahlen müsse, eine Entschuldung durch Sühne. Das war eine Erwartung jenseits der Rationalität, die einen im ganzen leidlicheren Ausgang voraussah, ein Ausdruck jener Veränderung oder Verschiebung in der Sphäre nicht-artikulierbarer Lebenswerte, von denen ich berichtet habe. Es war nicht eigentlich Angst, eher Scham; als hätten wir gesenkten Blicks zu warten, bis die gestörte Erde ein neues Gleichgewicht fände.

Im Juni 1945 sah ich ohne Bedauern zu, wie die amerikanischen Truppen Zwickau verließen. Aber auch ohne Groll; daß wir unsere Wohnung im Mai für US-Offiziere räumen mußten und einiger Besitz in die Hände der *Army* überging, war zu akzeptieren.

Wir waren bereit zu zahlen. Und ohne Furcht erwartete ich die Ankunft der sowjetrussischen Armee. Vorsichtshalber schlief ich allerdings mit familiärer Erlaubnis einige Nächte in der kleinen Wohnung meiner Freundin Inge Bl. — mit einer auf grobes Papier in kyrillischen Lettern gedruckten Schutzinformation an unserer Tür.

Das Ereignis des Sommers 1945, die Stunde der Befreiung für mich, war ganz lokal: meine Aufnahme in die KPD. Von der Besatzungsmacht sah ich nicht viel.

Ende August ging ich mit einem Parteiauftrag nach Leipzig: die Wiedereröffnung der Universität war vorzubereiten.

Baudelaire 1848. Gedichte der Revolution. Herausgegeben und kommentiert von Oskar Sahlberg. WAT 35. 160 Seiten. DM 9,-
Die Salpeterer. ›Freie, keiner Obrigkeit untertane Leute auf dem Hotzenwald.‹ Hrsg. Thomas Lehner. WAT 36. 128 Seiten. DM 7,50
99 romantische Gedichte. Hrsg. Lienhard Wawrzyn. WAT 37. 192 Seiten. DM 9,50
Ödipus. Ein Held der westlichen Welt. Von Horst Kurnitzky. WAT 38. 144 S. DM 8,50
Günter Bruno Fuchs, Die Ankunft des Großen Unordentlichen in einer ordentlichen Zeit. Gedichte, Bilder und Geschichten. WAT 39. 160 Seiten. DM 7,50
Jetzt schlägt's 13. Deutsche Literatur aus dreizehn Jahren. Hrsg. Klaus Wagenbach. WAT 40. 192 Seiten. DM 7,-
Sil Schmid, Freiheit heilt. Demokratische Psychiatrie in Italien. WAT 41. 160 S. DM 7,50
Boris Vian, Der Deserteur. Chansons, Satiren und Erzählungen. Mit einer Biographie. Hrsg. Klaus Völker. WAT 42. 144 Seiten. DM 8,50
Lessings »Nathan«. Der Autor, der Text, seine Umwelt, seine Folgen. Hrsg. Helmut Göbel. WAT 43. 256 Seiten. DM 8,50
Erich Fried, 100 Gedichte ohne Vaterland. Nachwort: Klaus Wagenbach. Eine Sammlung alter und neuer Gedichte. WAT 44. 128 Seiten. DM 8,50
Asperg. Ein deutsches Gefängnis. Von Horst Brandstätter. WAT 45. 160 Seiten. DM 9,-
Günter Bose/Erich Brinkmann, Circus. Geschichte und Ästhetik einer niederen Kunst. WAT 46, 204 Seiten. DM 9,50
Heinrich Heine, Ein Land im Winter. Gedichte und Prosa. Mit Bemerkungen von Dieter Heilbronn. WAT 47. 192 Seiten. DM 9,50
Panama. Geschichte eines Landes und eines Kanals, von der Entdeckung bis zum Vertrag von 1977/78. Von Alex Schubert. WAT 48. 128 Seiten. DM 7,50
Der Aufstand der Ciompi. Über den »Tumult«, den die Wollarbeiter im Florenz der Frührenaissance anzettelten. Von Erst Piper. WAT 49. 128 Seiten. DM 8,50
Horst Karasek, Belagerungszustand! Reformisten und Radikale unter dem Sozialisten gesetz von 1878–1890. WAT 50. 160 Seiten. DM 8,50
Tommaso Di Ciaula. Der Fabrikaffe und die Bäume. Wut, Erinnerungen und Träume eines apulischen Bauern, der unter die Arbeiter fiel. WAT 51. 160 Seiten. DM 9,50
Wilfried Gottschalch, Vatermutterkind. Deutsches Familienleben zwischen Kulturromantik und sozialer Revolution. WAT 52. 160 Seiten. DM 8,50
Puerto Rico. Inselparadies der Wallstreet oder unabhängiger Staat? Geschichte, Kultur, Gegenwart. Von Karin Röhrbein und Reinhard Schultz. WAT 53. 128 Seiten. DM 7,50
Christian Friedrich Daniel Schubart, Dichter und Staatsfeind. Leben und Umtriebe eines schwäbischen Rebellen. Hrsg. Wilfried F. Schoeller. WAT 54. 160 Seiten. DM 9,50
Hans Christoph Buch, Tatanka Jotanka oder Was geschah wirklich in Wounded Knee? Die letzte Schlacht der Indianer gegen die Weißen. WAT 55. 160 Seiten. DM 9,-
Friedrich Schiller, Der Verbrecher aus verlorener Ehre. Eine wahre Geschichte. Mit Überlegungen von Horst Brandstätter. WAT 56.
Georg Forster, Weltumsegler und Revolutionär. Ansichten von der Welt und vom Glück der Menschheit. Von Ulrich Enzensberger. WAT 57. 192 Seiten. DM 9,50
Horst Karasek, Der Fedtmilch-Aufstand oder: Wie die Frankfurter 1612/14 ihrem Rat einheizten. WAT 58. 160 Seiten. DM 9,-
Freyheit oder Mordt und Todt. Revolutionsaufrufe deutscher Jakobiner. Herausgegeben von Walter Grab. WAT 59. 192 Seiten. DM 8,50
Ernst Piper, Savonarola. Umtriebe eines Politikers und Puritaners im Florenz der Medici. WAT 60. 160 Seiten. DM 9,50
Gisela Dischner, Caroline und der Jenaer Kreis. Ein Leben zwischen bürgerlicher Vereinzelung und romantischer Geselligkeit. WAT 61. 192 Seiten. DM 9,50
Ulrike Marie Meinhof, Die Würde des Menschen ist antastbar. Aufsätze und Polemiken. WAT 62. 160 Seiten. DM 9,50
Till Eulenspiegel. Phantasien über einen Schalk. Durch 700 Jahre aufgesucht von Klaus Briegleb. WAT 63.
Atlas zusammengestellt von deutschen Autoren. WAT 64. 272 Seiten. DM 11,-
Ralf-Peter Märtin, Dracula. Das Leben des Fürsten Vlad Tepes. WAT 65. 192 Seiten. DM 9,50